FRÉDÉRIC FEBVRE
EX-VICE-DOYEN DE LA COMÉDIE-FRANÇAISE

JOURNAL
D'UN
COMÉDIEN

TOME DEUXIÈME

1870-1894

AVEC UNE PRÉFACE DE M. ALEXANDRE DUMAS FILS
DE L'ACADÉMIE FRANÇAISE

Illustrations de JULIAN-DAMAZY

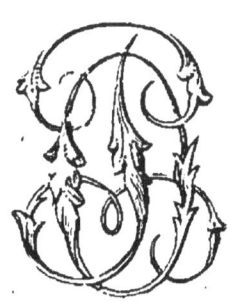

PARIS
PAUL OLLENDORFF, ÉDITEUR
28 *bis*, RUE DE RICHELIEU, 28 *bis*

1896
Tous droits réservés.

IL A ÉTÉ TIRÉ A PART
DEUX CENTS EXEMPLAIRES SUR PAPIER DE CHINE

JOURNAL

D'UN

COMÉDIEN

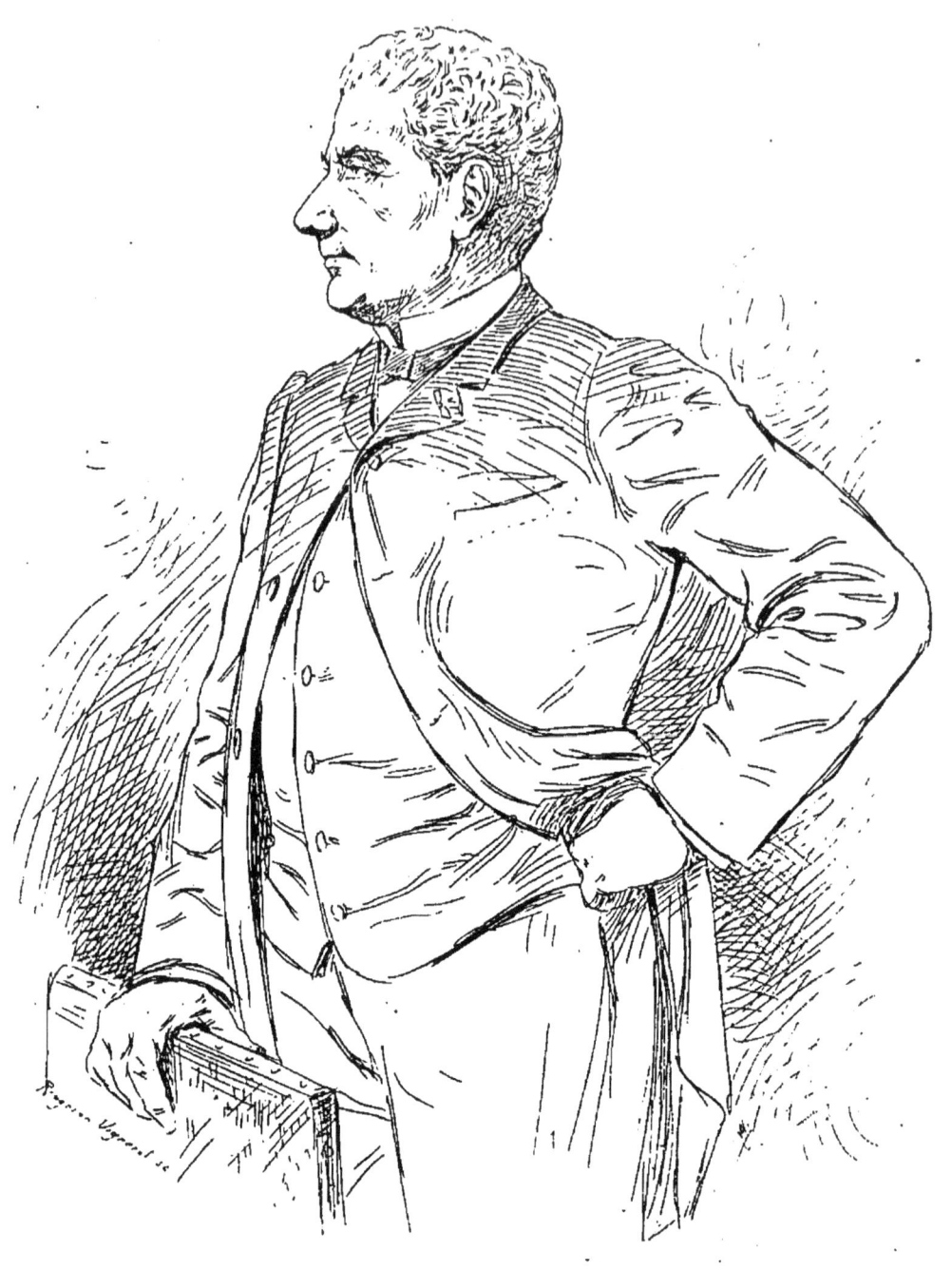

FRÉDÉRIC FEBVRE

Comédie-Française
1894

PRÉFACE

Mon cher Febvre,

Je viens de lire avec le plus grand intérêt votre *Journal d'un comédien*. Il résulte pour moi de cette lecture que vous avez été un des heureux de ce monde et j'espère bien qu'il en sera ainsi jusqu'à la fin et que cette fin n'est pas prochaine. Vous avez eu le talent, le succès, l'indépendance, laborieusement, brillamment, fièrement acquise, la santé qui est le meilleur des auxiliaires dans la lutte, la bonne humeur qu'elle crée qui est la meilleure des compagnes dans le voyage, l'énergie, la volonté, le sens si rare du gouvernement de soi et, comme couronnement, cette philosophie supérieure qui nous fait renoncer aux choses avant qu'elles se détachent de nous. C'est ainsi que vous quittez en pleine force et en plein succès cette carrière du théâtre encore aussi pleine pour vous de promesses que de souvenirs.

Quand vous êtes venu m'apporter votre manuscrit et que je vous ai interrogé sur les causes de votre résolution si définitive, vous m'avez répondu : « J'ai promis à nos amis Bobo et Poulle d'aller les voir à Haïti. Je veux tenir ma promesse. » Et j'ai vu derrière ce sourire qui a si souvent éclairé les histoires que vous nous racontiez pendant les entr'actes des répétitions, j'ai vu que c'était sérieux. Ainsi j'avais sous les yeux un homme qui, ayant projeté plusieurs années à l'avance de faire quelque chose, le fait. A ces amis que nous avons vous et moi, à Haïti, qui vous parlaient, chaque fois qu'ils venaient en France, des beautés et des charmes de leur pays natal, vous avez dit : « Quand mon engagement avec la Comédie-Française sera terminé, je quitterai le théâtre et j'irai vous voir aux Antilles. » Vous quittez le théâtre et, après avoir pris votre temps pour arranger toutes vos petites affaires européennes, vous partez en effet pour Port-au-Prince. Après avoir donné le spectacle de tant de personnages secoués aux quatre vents du hasard et de la passion, vous donnez, tout à coup, dans la réalité celui d'un homme qui fait ce qu'il veut; c'est tout bonnement admirable, surtout dans les temps agités où nous vivons. Voir, au milieu de toutes les difficultés qui contrecarrent les efforts, les désirs, les ambitions des mortels les plus puissants, voir le destin permettre à un honnête homme de réaliser un honnête projet depuis longtemps conçu, n'est-ce pas tout à fait extraordinaire, et digne d'être constaté. Et n'avais-je pas le droit tout à l'heure de vous traiter d'homme heureux ? D'autant plus que, non seulement vous irez à Haïti, mais que vous y séjournerez beaucoup plus longtemps que vous ne le croyez à cette heure, que vous en reviendrez par un autre chemin que celui qui vous y aura mené, perçant toutes sortes d'horizons nouveaux, et vous retrouvant un beau jour sur notre boulevard des Italiens. centre du globe, aussi vaillant et aussi d'aplomb qu'aujourd'hui en face de gens qui, pendant ce temps-là, auront été continuellement de la Bastille à la Madeleine et de la Madeleine à la Bastille, tantôt à pied, tantôt en omnibus, voyant toujours les mêmes choses, les maudissant toujours, les subissant toujours.

Vous êtes dans le vrai.

Je pourrais vous dire comme tant d'autres vous ont dit, et vous disent tous les jours, très sincèrement et très justement : «Pourquoi quittez-vous le théâtre où vous avez encore tant de joies à recueillir et à donner? Je ne vous le dirai pas, bien que je sois un de ceux qui perdent le plus à votre départ. Que vont devenir Clarkson, M. de Riverolles, M. de la Rivonnière, Olivier de Jalin pendant que vous ferez la sieste dans les hamacs d'Haïti en buvant le café du gros Morne et en suivant de l'œil les formes diverses que fera prendre à la fumée de votre cigare le vent qui vient de la mer rafraîchir les vallées brûlantes. Êtes-vous sûr qu'à travers la fumée bleuâtre, votre mémoire infaillible qui vous a si admirablement servi dans votre art que vous n'avez jamais su où était le trou du souffleur, êtes-vous sûr que votre mémoire n'évoquera pas tous ces personnages de la vie desquels vous avez vécu en leur faisant une âme de la vôtre. Êtes-vous sûr qu'ils ne vous rappelleront pas là où ils sont restés. N'est-ce pas pour être sûr de résister à la tentation que vous allez si loin?

Tant que vous serez dans les mouvements du voyage, dans les surprises et les enthousiasmes des perspectives imprévues, vous nous oublierez; mais quand vous serez dans le repos, dans le silence, dans le calme du séjour, quand vos yeux seront familiarisés avec les arbres, les montagnes, les torrents d'alentour, si curieux qu'ils vous soient apparus au premier aspect, les souvenirs du passé passeront entre eux et vous. Quel défilé de personnages sortis de vous depuis votre premier début sur le petit théâtre du Havre jusqu'au soir de la représentation de retraite sur la grande scène de Molière, aux feux de l'électricité et aux applaudissements de deux mille personnes!

Tout cela est-il à jamais fini? Tout cela ne pourrait-il pas renaître? Que de fois ces questions viendront traverser votre esprit! A peine l'homme interrompt-il son action habituelle, régulière, mécanique pour ainsi dire, que lui imposaient les événements, la nécessité, l'habitude, à peine rentre-t-il en lui-même pour se recueillir, pour comprendre, pour s'orienter à nouveau qu'il ne sait plus où il en est, pris entre ce qui a été qui n'a plus de consistance et ce qui va être qui n'a pas de certitude. Celui qui, délibérément, sans que rien l'y force, sort d'une carrière où il y avait encore pour lui plusieurs années de bien-être, d'éclat, de gain, de jouissances d'amour-propre et de cette gloriole tant enviée, des obscurs pour rentrer dans le silence et y demeurer sans regret et sans amertume, celui-là est un sage qui donne le bel exemple d'une intelligence claire et d'une volonté saine. Et puis, peut-être notre ami Henri Rivière, dont vous citez quelques jolies lettres dans votre journal, avait-il raison quand il vous écrivait : « Voyez-vous, mon cher, habiter à la Havane, chez sa blanchisseuse, voilà le rêve. S'étendre paresseusement tout le jour dans une sorte de piscine remplie d'eau courante, fumer des cigares exquis pendant que votre jolie propriétaire, de ses petites mains, vous prépare des boissons glacées, il n'y a rien de meilleur, le reste ne vaut pas un souvenir. »

Adieu donc, mon cher Febvre ; je n'ose plus dire au revoir à ceux qui partent ; j'ai passé l'âge des formules qui engagent l'avenir. Nous avons fait la guerre ensemble et la bonne guerre, toujours bravement et loyalement, nous pouvons le dire. Je perds un bon compagnon d'armes, mais qui sait si je livrerai encore quelque bataille et vous avez soif d'espace et de liberté. Vous avez assez de la lumière qui vient d'en bas et des jardins en toile peinte, il vous faut le soleil des Tropiques et les immenses forêts d'acajou. Je voudrais bien être à votre place. Allez, vous serez bien reçu là-bas ; c'est un des rares pays où l'on aime encore la France. Un jour que vous n'aurez rien à faire et qu'il ne fera pas trop chaud, descendez au sud de l'île, jusqu'à Jérémie, sur le golfe de Leogane.

C'est un véritable voyage ; c'est un véritable pèlerinage que je vous demande de faire.

C'est là qu'au printemps de 1762 une petite esclave noire mettait au monde un petit mulâtre lequel devait être un jour le général Alexandre Dumas et se continuer en deux auteurs dramatiques qui vous ont fait quelques-uns des rôles que vous avez si bien joués.

Tout à vous,

A. Dumas fils.

PREMIÈRE PARTIE

1871-1879

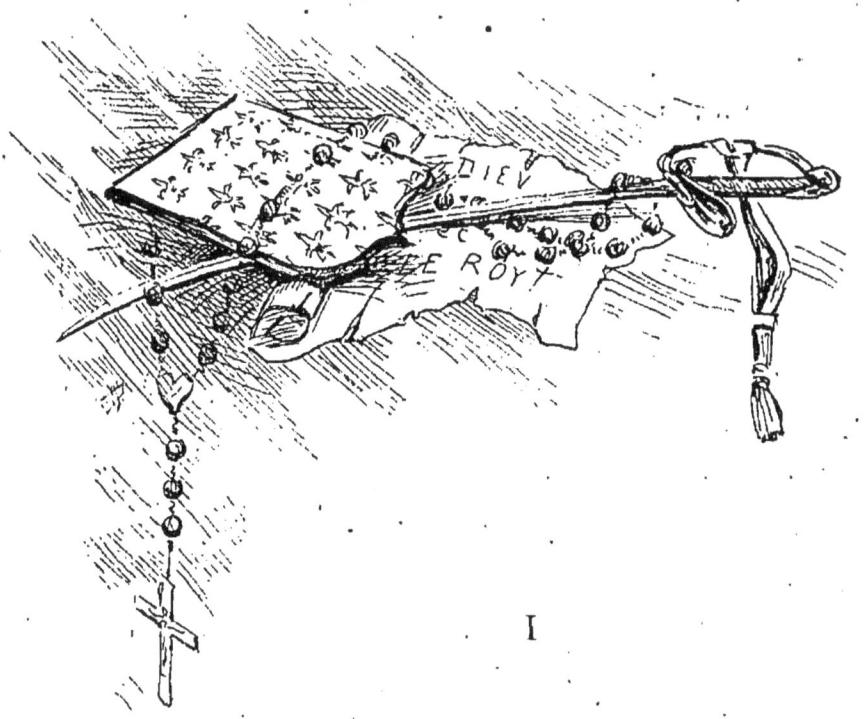

I

M. E. Perrin avait une trop grande expérience des choses de théâtre, pour se dissimuler que prendre la Direction de la Comédie-Française, le 15 juillet 1871, c'est-à-dire en plein été, au lendemain de la guerre, des misères du siège, des horreurs de la Commune, était un tâche hardie... mais, il avait pour lui la confiance du public et la réputation d'avoir la main heureuse. En effet, partout, où il avait administré, le succès était venu à lui... mais, cette fois, la situation était difficile et allait le forcer à redoubler d'habileté...

Là, où était l'ambulance, la pharmacie, vite, des fleurs, des tapis, les serviteurs en livrée ! les employés en habit noir, cravate blanche. Adieu, barbes et moustaches... tout reprenait un air de bonne maison et se désembourgeoisait.

Inutile et ridicule cet orchestre de musiciens ! supprimés les coûteux flonflons !

La *sacristie*, elle-même, avait repris un petit air profane, qui lui seyait à merveille.

Sous la précédente administration :

Le budget prévu était de	1.160.000
Et les dépenses atteignaient	1.626.000
Soit une différence de	466.000

Ce qui est déjà bien, comme excédent ; car, sous peine de s'endetter, il fallait faire chaque soir, au bureau, une

recette de	2.570
Soit, par mois	77.000
par an	925.000

Au bureau seulement, et sans prétendre à aucun partage, sous M. Empis, le prédécesseur de M. Thierry, le budget

prévu était de	192.000
Dépenses	194.000
Excédent	2.000

Deux mille francs d'écart sur le budget prévu !... C'était biblique !

Il est vrai de dire que la part sociale atteignit, l'année dont je parle, le chiffre de 5.400 francs.

Nous allons voir, avec l'administration de M. Perrin, tous les chiffres s'arrondir ; car, il ne reculait devant aucune dépense, nous disant, toujours, qu'il faut jeter l'argent par les fenêtres, pour qu'il rentre par les portes.

Il eût même, je crois, fait agrandir l'ouverture des fenêtres, sans négliger d'élargir les portes, en même temps.

Le premier ouvrage nouveau, que monta M. Perrin, fut *Christiane*, 3 actes de Gondinet. MM. Delaunay, Thiron, Prud'hon et moi, MM^{lles} Reichemberg et Martin, tels étaient les principaux interprètes de ce drame.

La pièce eut du succès.

Le public... le vrai, celui des beaux jours, était revenu.

Enfin, on en avait donc fini avec ces salles sombres, éclairées au pétrole, avec ces avant-scènes, où se prélassaient les officiers d'état-major de la Fédération et leurs compagnes, avec ces généraux fantastiques, dont l'un (dans la loge impériale qu'il occupait) fit, un soir, demander M. E. Thierry, pendant un entr'acte, pour lui intimer l'ordre d'avoir à représenter *le Courrier de Lyon*.

Comme le spirituel administrateur s'excusait de ne pouvoir faire ce que désirait l'étonnant militaire, lui donnant comme raison que les comédiens, qui jouaient le drame au Théâtre-Français, étaient absents, il fut convenu qu'à leur retour, la distribution serait celle-ci :

Lesurques	BRESSANT.
Choppard	GOT.
Le Père Lesurques	MAUBANT.
Fouinard	COQUELIN.
Courriol	FEBVRE.
Daubenton	LEROUX.

Le général parut satisfait; et, tout en remerciant M. Thierry, il ajouta : « A la bonne heure !... voilà une pièce... et bien montée... mais, je vous en prie, citoyen directeur, à l'avenir, plus d'*Ecole des Femmes* et de *Misanthrope;* en voilà assez de ce répertoire pourri de l'Empire... » (*sic*).

Tout étant rentré dans l'ordre, la Comédie-Française, grâce à la vigoureuse impulsion que lui donnait M. Perrin, allait retrouver ses succès passés et obtenir des résultats inconnus jusqu'à ce jour.

On répétait partout, sur le théâtre, au foyer du public, à celui des artistes; il y avait un entrain du diable, et puis, il faut bien le dire, M. Perrin payait royalement de sa personne. Arrivé à midi, à 6 heures et demie, il était encore dans son cabinet, tantôt descendant sur le théâtre, pour suivre les répétitions, tantôt montant au magasin de costumes, pour surveiller la coupe d'un pourpoint, ou procéder au choix des étoffes.

Entre deux répétitions, sautant dans son coupé pour se rendre aux ateliers de décoration... à moins qu'il n'y eût été déjà, le matin, avant son déjeuner. Le soir, presque toujours en habit, il venait s'asseoir dans le fond de sa baignoire, suivant avec intérêt les débuts de celle-ci, les progrès de celui-là... après quoi, lentement, il traversait le théâtre, faisant aux artistes ses compliments ou ses critiques.

D'un naturel moins qu'expansif, il avait le don de savoir distribuer à propos l'encouragement ou la louange... dont il n'abusait jamais, je dois l'avouer.

Aussi, quand, prenant l'un de nous à part, il lui disait : Vous serez joliment bien là dedans, c'était le maximum, et l'on pouvait se tenir pour satisfait, d'autant plus qu'il ne le répétait jamais deux fois.

Sa qualité maîtresse était la sincérité ; il se faisait public, avant tout ; et, sans tenir compte des situations, il disait à tel de nous, sociétaire ou pensionnaire, professeur ou élève :

« Vous savez, vous êtes tous des malins ; mais, vous ne m'avez pas ému pour un sou... dans cette belle scène, où j'espérais ressentir un petit toc-toc,.

quelque chose, enfin, qui me secoue... Je n'ai rien ressenti... est-ce mal 'mis en scène, est-ce mal joué ?... C'est peut-être les deux ! Voyons, travaillons, cherchons... Je n'ai pas retrouvé l'effet de la lecture... il faut, pourtant, que cette scène donne tout ce qu'elle a ! »

Comme nous savions quel flair merveilleux il avait du succès ; que, de plus, nous avions pu apprécier son goût si délicat, son parisianisme si correct, nous nous disions immédiatement : Il doit avoir raison ! cherchons. Après bien des difficultés et des heures employées à recommencer la même scène, tout à coup M. Perrin s'écriait avec joie : « Ne cherchez plus ! ça y est ; je viens de sentir ce petit toc-toc qui me faisait défaut ; redisons la scène encore une fois... *il n'est que six heures...* » Et malgré l'heure avancée, on reprenait l'étude, à sa grande satisfaction.

Au bout de quelques instants, il se levait, regardait sa montre, et poussant un gros soupir, il murmurait : « Comme le temps passe !... voilà une bonne journée, pendant laquelle nous avons bien travaillé... J'ai hâte d'être à demain pour voir la suite. »

Et, il faut bien le dire, cette ardeur se maintint jusqu'au dernier jour. Il aimait la maison, sans nul doute ; mais, il adorait surtout le travail, estimant

que le théâtre est une maîtresse absorbante et que
ce n'est que lorsqu'on l'aime trop, qu'on commence
à l'aimer assez !

Pour lui, pas même le repos du dimanche : ce
jour-là, ne pouvant s'asseoir à l'avant-scène, il
l'employait à sa correspondance, ou à la lecture de
quelque manuscrit.

Avec M. Perrin, il était dangereux de ne pas
réussir ; car, il aimait et n'admettait que le succès.
Malgré son extrême courtoisie, il avait peine à dissimuler le sentiment que lui faisait éprouver la
plus petite déception artistique.

Il vous savait mauvais gré d'un effet manqué ; il
lui arrivait même, quelquefois, de vous bouder, au
lendemain d'un mauvais feuilleton... et on ne pouvait, vraiment, lui tenir rigueur de ces légers moments d'humeur ; car, on sentait bien que, dans son
amour de l'art, dans l'admiration sincère qu'il
éprouvait pour *sa maison*, il eût voulu que tout
fût parfait et que ses comédiens volassent de
succès en succès.

Il tenait beaucoup à ce que tout passât par ses
mains. C'est lui, cependant, qui rétablit le fonctionnement du service des *semainiers*. Quand, le
matin, il arrivait à son cabinet, le premier pli
qu'il décachetait, était le rapport de la veille ;
et, quoique très jaloux de son autorité, il savait

faire respecter celle du semainier, son représentant.

D'une exactitude méticuleuse, il avait horreur des retardataires, qui abrégeaient, par leur négligence, les heures de ce travail qu'il aimait tant.

Avec les employés, il était d'une politesse *impitoyable*, et, disait volontiers :

« Je vous serai obligé, Monsieur le donneur d'accessoires, de faire ceci... »

« Monsieur le chef costumier, il me serait agréable que vous prissiez la peine, » etc., etc.

Aussi, tout ce monde d'employés professaient-ils, à son égard, la plus respectueuse déférence.

Une chose le faisait souffrir : c'était de voir Thiron tutoyer le donneur d'accessoires.

Plusieurs fois, il en avait exprimé son étonnement à l'excellent artiste ; aussi, un jour que ce dernier était venu se plaindre à lui d'une réponse irrespectueuse de l'employé en question :

« Ah dame, voilà, fit M. Perrin : en le mettant sur ce pied, mon cher Thiron, vous lui avez donné le droit de penser que vous avez gardé *ensemble les accessoires?* »

Quand M. Perrin était dans le théâtre, on le savait, de suite, par le silence qui régnait dans toute la maison et par le zèle empressé des serviteurs.

Dans le sens propre du mot, M. Perrin n'était

pas un metteur en scène. Cet art de tourner autour des meubles, de faire passer les personnages de droite à gauche, ou de gauche à droite, sans lui être inconnu, était, à ses yeux, d'un intérêt secondaire; et, à ce sujet, il s'en remettait soit à l'auteur, soit à l'un de nous.

Mais, où il était vraiment remarquable, c'était dans la plantation d'un décor, dans l'ameublement d'un salon, dans l'arrangement du mobilier et le choix des tapisseries.

Jamais une faute d'orthographe.

Je me souviens que, pendant une indisposition qui l'avait tenu éloigné du théâtre, j'avais mis en scène un petit acte; sitôt rétabli, M. Perrin arriva sur la scène. Après un rapide coup d'œil : « Ce n'est pas mal, me dit-il; mais, il manque quelque chose... je ne sais quoi... il faudrait une note, qui relevât de ton le côté grisaille de la décoration... »

Puis élevant la voix : « Monsieur le donneur d'accessoires, ajouta-t-il, voulez-vous bien demander à madame la costumière un morceau de soie... rose, mais, d'une couleur un peu passée. » Quand il eut jeté négligemment cette draperie soyeuse sur une rampe d'escalier, qui se trouvait au premier plan, il se recula de quelques pas pour juger de l'effet : « Regardez, maintenant; il ne manque plus rien. »

Il avait raison; cela réchauffait la décoration.

Ce n'était pourtant rien que ce bout d'étoffe ; oui, mais, il fallait le trouver... et la pensée devait en venir tout naturellement à un peintre, amoureux comme lui, du coloris et soigneux du détail.

Le premier ouvrage qui vit le jour, sous la nouvelle administration, fut *le Gendre de M. Poirier*, que nous venions de jouer à Londres.

Got s'était essayé dans M. Poirier, devant le public anglais ; il succédait à M. Provost, dans ce rôle, créé si admirablement au Gymnase, par Lesueur. Le doyen de la Comédie-Française avait même fleuri la boutonnière de l'irascible bourgeois ; et, cette promotion inattendue ne fut pas acceptée sans quelque surprise.

Depuis, on s'y est habitué... Encore quelques années, et, avec un peu de chance, le beau-père du marquis de Presle pourra voir son large ruban remplacé par une rosette.

Bressant prêtait son élégance au marquis de Presle ; Barré était exquis de naturel, dans Verdelin ; Thiron, incomparable dans Vatel ; et Mlle Favart avait trouvé, dans Antoinette, un de ses meilleurs rôles.

Je jouais le duc de Montmeyran, l'aristocratique brigadier. Depuis cette reprise, la pièce n'a jamais quitté l'affiche ; elle s'y maintiendra tant qu'il y aura une Comédie-Française et un répertoire de chefs-d'œuvre.

29 *février* 1871.

Première représentation de *l'Autre motif*, comédie en 1 acte, en prose, de M. Pailleron.

Grand et légitime succès pour Mme Plessy, à qui Mme Ponsin et moi avions l'honneur de donner la réplique.

18 *mai* 1872.

Première représentation de *Marcel*, drame en 1 acte, en prose, de MM. Jules Sandeau et Adrien Decourcelle.

La pièce était curieuse ; j'y jouais une sorte de fou, ou plutôt de monomane, qui, dans un accident de chasse, avait tué son jeune fils. Depuis cet horrible malheur, un autre enfant avait vu le jour, et la donnée de l'ouvrage consistait à faire croire au pauvre père qu'il avait dormi et rêvé ; la preuve, c'est qu'on lui présentait le second enfant, vivant portrait du pauvre petit disparu. Et, comme au baisser du rideau, je demandais à l'enfant : « Mais qui donc es-tu ? — Je suis mon petit frère, » répondait-il...

La pièce était montée avec soin. Mme Nathalie, qui n'a jamais été remplacée, prêtait à la vieille servante toute l'autorité de ce talent, qu'on avait tant apprécié dans *le Village*, d'Octave Feuillet. Mlle Marie Royer, trop tôt disparue, jouait la jeune femme du pauvre fou. Barré était, comme toujours, plein de bonhomie, dans un docteur, ami de la famille. M. La Roche s'était chargé du rôle de l'ami, et le petit Marcel était joué par une charmante petite fille, dont j'ai oublié le nom.

Pour mener à bien l'étude de mon personnage, j'allais, chaque matin, à l'hospice Sainte-Anne.

Que d'études navrantes j'ai pu faire dans ce sombre asile. Parmi les malades, il y en avait un vraiment intéressant. Ce pauvre homme avait été pris par les fédérés, pendant la commune, et allait être fusillé par eux... Comme les fusils s'abaissaient sur sa poitrine, les soldats versaillais l'avaient arraché à la mort.

A ce moment, 3 heures sonnaient à une église voisine du lieu du supplice.

Depuis cet instant, la raison du malheureux avait disparu, et, tous les jours, vous entendez bien, tous les jours, un peu avant 3 heures, il commençait à trembler ; se cachant la tête dans les mains, il entendait le bruit des fusils qu'on armait... semblait se débattre... et tombait comme une masse, en poussant un horrible cri ; sitôt que l'aiguille avait dépassé le chiffre trois, il revenait lentement à lui, promenait un regard étonné sur ses gardiens, et tout était fini jusqu'au lendemain, où, à la même heure, se reproduisait l'horrible vision, à laquelle il était en proie. Connaissez-vous un plus terrible supplice ?

Marcel tint l'affiche pendant quelque temps. On fit une reprise ; et, comme il ne reste plus à la Comédie, un seul artiste de la création, l'ouvrage a disparu ; c'est regrettable !...

12 août 1872.

Reprise du rôle de Clavaroche, où Brindeau fut si remarquable, et que je jouai, moi, après Bressant, aux côtés de Delaunay, le dernier Valentin qu'on ait vu et entendu... C'était merveilleux ! Thiron jouait *Maître André ;* au dire des connaisseurs, dans le premier acte, il était au moins égal à Samson, qui avait créé le rôle à la Comédie-Française. Madeleine Brohan était charmante et sympathique, dans ce terrible personnage de Jacqueline, que Mme Allan semble avoir légué à ses survivantes, comme une menace !

20 septembre 1872.

Première de *les Enfants*, 3 actes en prose, de Georges Richard. Cet auteur, doublé d'un comédien estimable, avait le don d'être particulièrement désagréable à M. Perrin.

Les tendances de l'ouvrage, son milieu, sa forme et surtout les sentiments qui y étaient exprimés, tout, en un mot, choquait le nouvel administrateur, qui, d'ailleurs, ne prenait, que bien juste, le soin de le cacher à l'auteur.

Un jour, à une répétition, poussé à bout, M. Perrin ne put retenir cette exclamation :

« — Mais, dans quel monde se passe donc tout ceci ?... Le jeune homme n'est pas le fils de son père... Le père lui-même est-il bien le mari de la mère de son enfant?... Et, cependant, tous ces gens-là vivent ensemble... c'est donc un Phalanstère?

« — Est-ce ma faute, à moi, répondit Richard, un peu nerveux, si la société est ainsi faite !

« — La vôtre, peut-être ; mais, pas la nôtre, répliqua l'administrateur, en quittant la scène. »

Je jouais, là dedans, un certain *M. de Boislaurier*, assez triste personnage. La pièce fit plaisir et tint l'affiche assez longtemps, au grand déplaisir de M. Perrin, qui ne manquait jamais de dire au second régisseur d'alors, M. Chevalier, quand celui-ci lui présentait le répertoire de la semaine, et qu'il voyait annoncé : *Les Enfants...* « Encore le *Phalanstère!* »

16 octobre 1872.

Pour la première fois, après trois répétitions, je joue le rôle de Tartuffe. Dans la première partie de ces Souvenirs, je crois avoir dit suffisamment ce que je pensais de l'interprétation de ce personnage, pour n'y pas revenir. Sarcey, dans un feuilleton très indulgent, terminait en disant, à peu près, ceci :

« — C'est une manière d'envisager le rôle qui déroute un peu les amateurs respectueux de la tradition; mais, en somme, quand il sera convenu que c'est bien, ce sera très bien ! »

14 novembre 1872.

Ah ! on ne perdait pas de temps !

Première représentation d'*Hélène*, 3 actes en vers, de M. Pailleron, où je jouais le *Comte Paul*, ayant pour partenaires M. Delaunay, Mmes Nathalie, Favart, Reichemberg. L'effet ne fut pas celui qu'on attendait, et Hélène quitta l'affiche, discrètement, à l'anglaise.

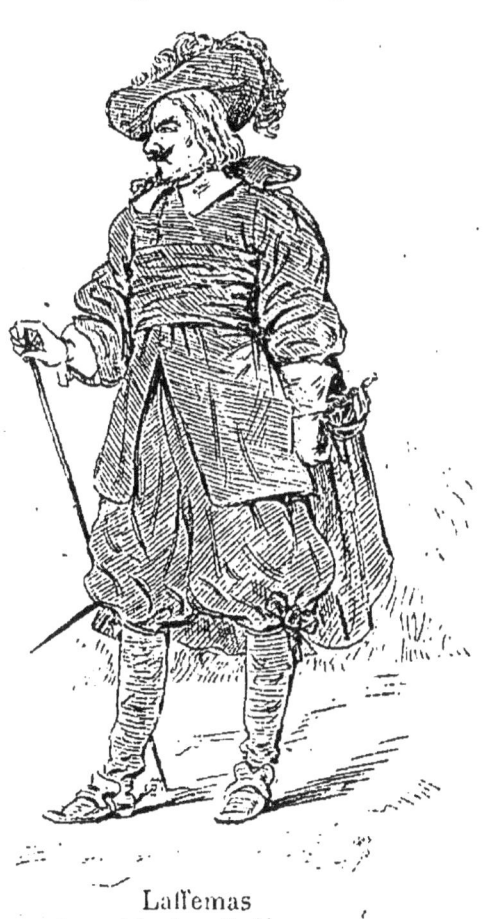

Laffemas
dans *Marion Delorme*.

10 février 1873.

Belle soirée. Première de la reprise de *Marion Delorme*, sauf Coquelin aîné. La distribution comportait presque tout le personnel masculin de la maison :

MM. Got.	*Langely.*
Delaunay	*Saverny.*
Bressant.	*Louis XIII.*
Maubant	*de Nangis.*
Febvre	*Laffemas.*
Mounet-Sully.	*Didier*
Thiron.	*Le Gracieux.*
Mlle Favart.	*Marion.*

Tous les rôles les plus petits étaient tenus par des chefs d'emploi. M. Perrin avait fait miracle. Décors, costumes, tout était d'un goût exquis... Ce fut un gros succès. Nous reçûmes une brochure, avec dédicace de la main du poète.

18 avril 1873.

Première de *l'Acrobate*, comédie en un acte, de Feuillet. Je jouais Gaston, un jeune et prudent diplomate, bien près de devenir l'amant de Mlle Croizette (la femme à demi coupable) et Bressant représentait l'époux plus magnanime qu'outragé. C'était original et amusant. Le succès fut très vif. Le petit acte de Feuillet a fourni, d'ailleurs, à deux hommes d'esprit, le prétexte d'une comédie en trois actes, représentée avec succès, sur une scène du boulevard.

13 janvier 1874.

Reprise de *Péril en la Demeure*, 2 actes d'Octave Feuillet; je succède à Régnier, dans le rôle de la Roseraie.

8 septembre.

Bressant me cède M. de Saint-Géran, dans *une Chaîne*. Délivré du rôle d'Emmeroc, ô bonheur!

29 octobre 1874.

C'est une date importante dans les annales de la Comédie-Française; car, ce soir, Dumas fils y faisait représenter *le Demi-Monde*, créé au Gymnase.

Nous avions voulu faire une surprise à l'auteur, que nous aimions et admirions tous. La pièce était sue et sur pied, quand M. Perrin convoqua, pour la première fois, Dumas, auquel on avait voulu épargner les tâtonnements d'un travail préparatoire.

La mise en scène avait été réglée par Régnier, en ce moment administrateur général de la scène.

Voici la distribution choisie par l'auteur lui-même :

Richon	Got ;
De Jalin	Delaunay ;
De Nanjac	Febvre ;
De Thonerins	Thiron ;
Suzanne	Mlle Croizette ;
Mme de Vernières	Nathalie ;
Mme de Santis	Mlle Tholer ;
Marcelle	Mlle Broisat ;

Après le premier acte, la glace fut vite rompue, et Dumas trouva, pour chacun de nous, un mot aimable.

Jamais répétitions ne furent plus gaies, plus intéressantes : on travaillait de tout cœur. En nous quittant, Dumas nous dit, avec une bonne grâce charmante :

« Vous êtes tous très aimables, et je vous avoue que j'ai été très agréablement surpris ; on m'avait dit tant de mal de cette maison, que je n'y entrais pas sans une certaine appréhension ; je trouve des comédiens gais et vivants, là, où je craignais de ne rencontrer que des notaires (*sic*). »

Je ne sais si cela tient à l'admiration que j'ai toujours professée pour le talent de Dumas, mais, j'avoue, bien sincèrement, que répéter avec lui, a toujours été pour moi, non seulement un précieux enseignement, mais, une joie profonde.

Et, quel bonheur, le travail terminé, de faire quelques pas en sa compagnie et d'entendre ses aperçus ingénieux, cette observation d'une forme chirurgicale, pour ainsi dire, qui seule pouvait enfanter ce petit chef-d'œuvre qui a nom : *la Visite de Noces*.

Cette reprise du *Demi-Monde* eut un grand succès dans ce vaste cadre ; toutes les situations, en s'élargissant, gagnaient en autorité.

Belle soirée, pour Dumas ; et, grande joie pour ses interprètes, de sentir le Maître satisfait et de penser qu'il allait peut-être, maintenant, travailler pour une maison, devenue la sienne, qu'il a enrichie souvent, par la suite, et qu'un jour même, il sauva en lui donnant sa *Francillon*.

Dumas n'est vraiment connu que de ses amis, qui lui sont fidèles, ce qui prouve qu'il est digne d'être aimé, — et par ceux qu'il a obligés.

Il a semé autour de lui l'envie, la haine même ; c'était facile à prévoir.

Comment les médiocres, les ratés, ceux qui ne font que des mots, et jamais des pièces ; à qui le souvenir d'un bienfait semble trop pesant ; comment ces littérateurs, nés d'un bâillement, pourraient-ils lui pardonner ses succès, partant, sa fortune.

Mais, Dumas a encore cette supériorité : que l'ingratitude ne l'a pas plus corrigé de la charité que l'injustice ne le guérira jamais de cette bienveillance, de cette douce philosophie, dont il s'est armé, et qui fait le fond de l'âme de ce tendre, de ce timide.

Et j'ajoute : quel souci, quel respect de la dignité de sa plume !

Quand il n'écrit pas, c'est comme il l'avoue, qu'il n'a rien à dire, et que, dans ce cas, il convient de garder le silence ; s'il est défiant de lui-même, s'il se relit avec sévérité, c'est qu'il sait qu'il porte le lourd fardeau d'un nom deux fois glorieux.

D'autres ont vanté et vanteront longtemps son esprit ; quand à moi, il m'était doux de ne parler ici que de son cœur.

Après la première répétition, M. Perrin reconduisit Dumas ; nous attendions le retour de notre administrateur pour savoir si le Maître était réellement satisfait.

« Il est enchanté, nous dit-il, et j'ai tout lieu de croire qu'il pense à une pièce, qu'il nous destine. »

Ce mot nous avait payé de toutes nos peines ; car, l'entrée de Dumas à la Comédie-Française était une bonne fortune, pour le public, et un gage de succès, pour les comédiens de la rue de Richelieu.

La mise en scène est un art qui se développe chaque jour, et cet art tient, il faut bien le dire, une large part dans le succès des œuvres modernes; car, il ne s'agit pas seulement de placer les décors, les meubles et les accessoires, de régler les jeux de scène, les entrées et les sorties des personnages, il faut encore que celui qui monte un ouvrage mette en lumière une situation, par tous les moyens dont il dispose, et souvent, qu'il en masque le vide.

Autant de metteurs en scène, autant de procédés divers. — M. Montigny, le regretté directeur du Gymnase, était, en cette matière, un maître incontestable et incontesté.

— Il avait pour principe d'encombrer, d'abord, toute la scène de meubles et de bibelots, se réservant le soin de guider l'artiste dans ce labyrinthe, et de l'aider à se débrouiller au milieu de ce bric-à-brac voulu.

Grâce à cette science, que M. Montigny possédait, à un si haut degré, l'ordre s'établissait peu à peu, et ce qui, tout à l'heure encore, semblait être un obstacle au mouvement des personnages devenait le prétexte d'une attitude heureuse, d'un jeu de scène ingénieux..... C'était, peut-être, un peu cherché, mais, souvent, trouvé.

Autant d'auteurs dramatiques, autant de moyens différents.

Emile Augier avait le plus profond dédain pour ce qu'il nommait, « cette course autour des meubles »; il supportait la mise en scène, sans la rechercher, ni même l'apprécier.

Dumas fils, sans parti, aime assez l'art qui nous occupe en ce moment, à la condition que ce soit un moyen d'éclairer ses situations, mais, par les procédés les plus simples, ayant horreur, en toutes choses, du maniérisme et de l'afféterie.

Si Octave Feuillet n'était pas un metteur en scène, dans le sens propre du mot, en revanche, il indiquait, d'une manière admirable, la tenue, la diction de ses personnages..... et, quel lecteur !..... Il y a de certaines pièces qui, bien certainement, ont été mieux lues par lui, que jouées par nous.

Sardou possède ce don de la mise en scène et, de plus, c'est un comédien de premier ordre.

Si Shakespeare avait eu à sa disposition, avec le talent de nos décorateurs modernes, un metteur en scène comme son compatriote et interprète Henry Irving, il eût renoncé, avec joie, au poteau indicateur, disant naïvement au public : « Ceci est une forêt. »

A cette époque, le parterre était encore debout; mais, il n'y avait pas grand inconvénient à cela; les représentations n'atteignaient pas, alors, la longueur de celles d'aujourd'hui.

Pendant les répétitions de ce *Demi-Monde*, que de charmantes causeries, que d'amusantes anecdotes racontées par l'auteur !

Je me souviens d'une bien jolie réponse, faite par une dame, à quelqu'un qui lui demandait quelle différence il y avait entre l'amour et l'amitié.

« Oh ! énorme ! fit-elle : la différence du jour à la nuit. »

Et cette autre petite historiette :

« C'était, nous dit Dumas, le jour du mariage de Paul Meurice ; il avait pour témoins M. Ingres et mon père.

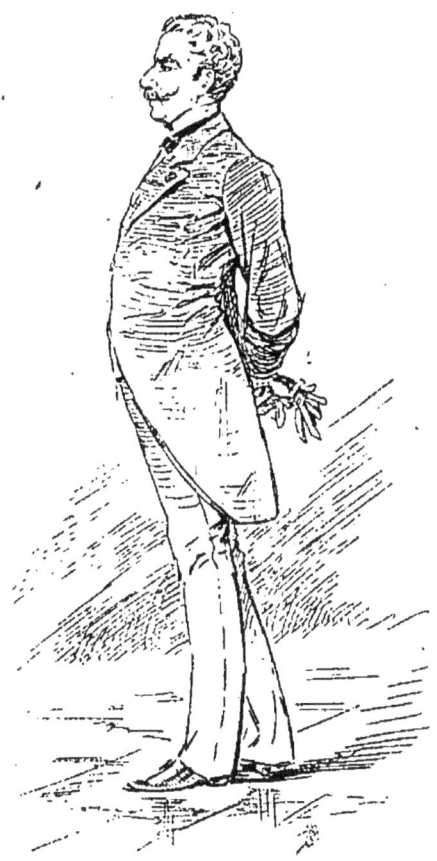

De Nanjac
dans *le Demi-Monde*.

« A la mairie, l'employé appelle :

« — M. Ingres !

« — C'est moi, monsieur.

« — Comment écrivez-vous votre nom ?

« Stupéfaction dans l'auditoire.

« Et M. Ingres se mit à épeler docilement les

lettres de son nom à l'employé, nom qui semblait, d'ailleurs, lui être parfaitement inconnu.

« — Profession ?

« — Peintre, répondit modestement l'auteur de *la Source!*

« — Monsieur Dumas !

« Papa s'approcha en souriant, comme un homme convaincu que si cet idiot ignorait M. Ingres, il lui était impossible de n'avoir pas lu *les Mousquetaires* ou *Monte-Cristo.*

« — Monsieur Dumas, Alexandre !

« — C'est moi.

« — Comment écrivez-vous Dumas, avec un *t* ou avec avec un *s* ?

« — Jusqu'ici on s'est servi d'un *s*.

« — Profession ?

— A cette question, tout le monde faillit éclater de rire.

« Sans se déconcerter, papa répondit à cet employé, élevé sans doute loin des lettres et de la peinture :

« — Propriétaire... Et Dumas fils, en nous racontant ceci, ajoutait en souriant... Et Dieu sait ?...

« Avant de se mettre à table, comme on avait placé le jeune Dumas près de M. Ingres, il vint trouver son père pour lui demander quel serait le sujet de conversation qui serait le plus agréable au célèbre peintre.

« — Parle-lui de son violon, répondit Dumas.

« — Est-ce qu'il en joue bien ?

« — Comme Michel-Ange ! »

14 février 1876.

Première de *l'Etrangère*, 5 actes de Dumas fils. Distribution des principaux rôles :

MM. Got, Coquelin aîné, Febvre, Thiron, Mounet-Sully ;

Mmes Madeleine Brohan, Croizette, Sarah Bernhardt.

Une belle soirée, et dont M. Perrin parlait souvent!

Sarah Bernhardt était la femme rêvée pour ce singulier personnage de Mistriss Clarkson.

A son entrée, au premier acte, elle avait fait sensation. Tout était juste : l'aspect, le son étrange de cette voix, qui semblait familiarisée avec tous les idiomes, l'allure nonchalamment provocante et hautaine, ses attitudes; tout était vécu, parfait.

Mlle Croizette, si belle, si touchante, dans ce rôle exquis de la duchesse de Septmonts eut une ovation après le quatrième acte.

Coquelin aîné était l'incarnation du duc Vibrion.

Autant d'éléments propres à assurer la vogue de cette pièce si curieuse, dont le succès, s'il n'eût été décisif, après le quatrième acte, eût été assuré au cinquième acte, à l'issue de la grande scène de Clarkson et du Duc.

Le public, qui écoutait avec une grande attention, eut un moment de déception en voyant Clarkson accepter de servir de témoin à M. de Septmonts ; mais, après le mouvement tournant de la scène, en voyant le témoin se transformer en adversaire, quand je prononçai ces mots : Que par conséquent vous êtes un drôle? je me souviendrai toujours de l'explosion qui se produisit.

M. Perrin avait voulu que les plus petits rôles fussent confiés à des artistes de talent ; aussi, après plus de deux cents représentations, *l'Etrangère* est-elle restée au répertoire.

Dumas, après *le Demi-Monde*, m'avait promis un rôle dans son premier ouvrage, et avait tenu parole, en me confiant ce rôle si agréable de Clarkson.

Le soir de la première, le maréchal Canrobert entra au foyer, où nous étions réunis, attendant le lever du rideau.

Il faisait très froid ; le Maréchal s'approcha de

la cheminée, et, comme après l'avoir salué, chacun de nous se tenait immobile et silencieux dans son coin.

— Vous n'êtes pas gais, fit le nouveau venu; qu'avez-vous tous?

— Mon Dieu, monsieur le Maréchal, répondit Madeleine Brohan, c'est ce soir jour de grande bataille!...

— Eh bien! reprit le glorieux soldat, c'est jour de victoire!

— Rien ne nous l'assure, quelque désir que nous en ayons et quelques efforts que nous puissions faire... enfin, comment vous dire... nous avons peur!

— Peur! fit Canrobert, d'un air surpris, et qui semblait ne pas comprendre...

— Ah! c'est juste, reprit Madeleine... Pardon, dit-elle, en sonnant l'huissier, qui parut sur le seuil...

— Picard, un Dictionnaire pour M. le Maréchal?

On a cité bien des mots de la spirituelle comédienne; mais, j'avoue que celui-là m'a toujours paru un des plus jolis.

L'esprit de sa sœur Augustine, certes, était indiscutable; mais, celui de Madeleine lui était supérieur. A mon avis, la première préparait un peu ses mots... et vous forçait, presque, à lui donner une réplique, lui fournissant l'occasion de produire le trait médité.

— Rien de semblable avec la créatrice du *Monde où l'on s'ennuie;* sans préparation, toujours prête, au moindre prétexte... le mot partait comme un coup de fusil... et j'ajoute que son esprit ne revêtait que bien rarement, une forme agressive. Sa devise aurait pu être : *Aussi belle que bonne.*

Celui qui, par la forme, se rapprochait le plus de Madeleine (je parle de l'esprit), c'était Thiron.

Pas de répertoire; de l'à-propos, souvent, et de l'originalité, toujours !

Un jour que, tous deux, nous représentions le comité, aux obsèques d'un artiste — c'était à l'église Saint-Laurent; il faisait un froid terrible — tout grelottant, je dis à Thiron :

— Il me semble qu'on aurait bien pu faire du feu.

— « Du feu ? répondit, aussitôt, mon spirituel camarade. Tu ne songes pas à saint Laurent... pour lui rappeler son supplice !... »

C'est lui qui, furieux du rôle que lui avait distribué l'auteur des *Corbeaux*, disait, en voyant, avec joie, la pièce disparaître de l'affiche :

— Décidément, il vaut mieux jouer du Becque, que d'en puer; ça dure moins longtemps.

Quelques mois avant cette soirée, j'avais eu l'honneur de servir de chevalier à Sa Majesté la reine de Danemark, en l'absence de M. Perrin souffrant, en ce moment.

Dans l'entr'acte du deuxième au troisième acte, M. le comte de Molke, ce parfait gentilhomme, me tendit une large enveloppe, en me disant, devant tous mes camarades :

« Voilà déjà quelques jours que je suis chargé de vous remettre ceci, de la part de Sa Majesté ; mais, comme je savais que vous alliez avoir, ce soir, un grand succès, j'ai préféré attendre, voulant que vous gardiez de cette soirée un double et précieux souvenir. »

C'était le brevet et les insignes du Danebrag. Certes, j'étais bien heureux de cette distinction ; mais, les termes flatteurs et courtois de M. le comte de Molke en doublèrent le prix.

Après la répétition générale de *l'Etrangère*, j'avais reçu dans ma loge la visite de deux reporters, représentant des journaux américains.

« Demain soir, me dirent ces messieurs, quand vous jouerez à Paris la pièce, pour la première fois, notre compte rendu paraîtra, en même temps, à New-York, Boston et Philadelphie. »

Comme je leur demandais s'ils n'avaient pas de

critiques à me faire, au point de vue du costume et de l'aspect physique de mon Américain :

— Il vous manque deux choses, me répondirent-ils.

— Voyons, fis-je avec inquiétude... est-ce remédiable ?

— Parfaitement... primo, il vous faut faire noircir la semelle de vos bottines.

— Entendu... Et, la seconde chose qui me manque, c'est ?...

— Un petit bijou qui est fixé à l'extrémité d'un ruban de soie noire, et qui, tout en servant de chaîne de montre, indique que vous êtes *unioniste* ou *séparatiste*, selon la disposition des bandes étoilées, placées dans le sens vertical ou horizontal. Cet accessoire vous est indispensable.

— Pour accuser les nuances d'opinions multiples qui nous divisent en France, la forme de ce bijou révélateur serait, chez nous, d'une variété telle que, pour s'y reconnaître, la publication d'un petit indicateur, d'une sorte de manuel de poche, serait d'un utile et précieux secours.

— Mais, à cette heure, repris-je, où me procurer ce bibelot ?

— Prenez le mien, me dit l'un des deux reporters; je suis heureux de vous l'offrir.

Accepter était indiscret; mais, refuser... comment faire, alors?...

Ce souvenir de l'aimable journaliste américain, qui intrigua bien des spectateurs, je le conserve précieusement, et je suis resté *séparatiste* (à ce qu'il paraît)... A quoi tiennent les opinions?

Pendant les répétitions de *l'Etrangère*, je me souviens d'avoir entendu conter à l'auteur deux bien jolis mots, que je lui demande l'autorisation de reproduire ici :

« Dumas dînait dans une maison amie. La jeune maîtresse de maison avait deux adorables enfants, dont l'un parut à l'auteur de *la Dame aux Camélias*, très gâté... tandis que l'autre, d'un aspect craintif, semblait avoir peur de sa mère.

« Comme après le dîner, Dumas faisait part, à

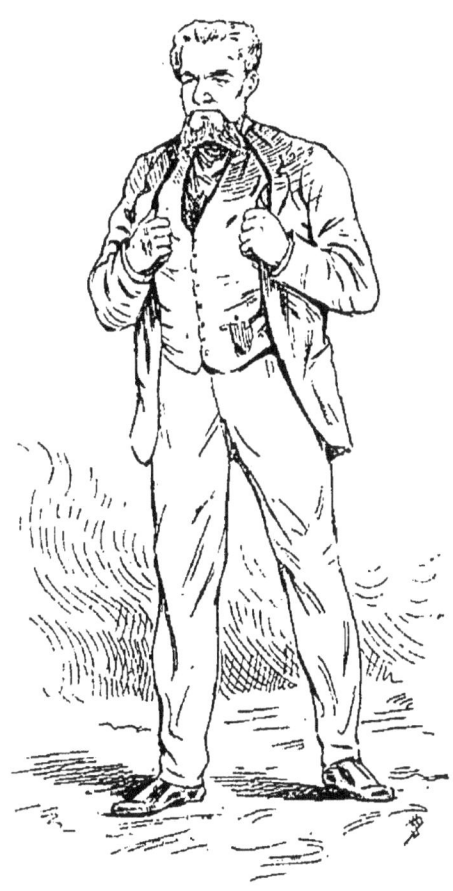

M. Clarkson
dans *l'Etrangère*.

son ami, de l'impression pénible que lui avait causé cette préférence de la mère pour un de ses deux enfants :

« — J'en suis désespéré, répondit le mari ; il est pourtant charmant ce bébé; mais, que voulez-vous, mon cher : elle ne veut pas se mettre dans la tête qu'il est de moi ! »

Un journaliste trop connu, et qui arrivait à Paris, avec des lettres de recommandation, se présenta chez Alexandre Dumas père : — On dit partout, M. Dumas, que je suis votre fils? Eh bien ! mon ami, lui répondit, avec bonhomie, le grand romancier, il faut en profiter.

29 février 1876.

Je reprends, en compagnie de Mme Plessy, le rôle de Bressant, dans *Un post-scriptum,* comédie en un acte d'Emile Augier.

11 avril 1876.

Bressant fatigué m'abandonne, dans *Un Caprice*, d'Alfred de Musset, le rôle de M. de Chavigny, créé par Brindeau.

4 décembre 1876.

Première de *l'Ami Fritz*.

Au sortir d'un déjeuner chez lord Lytton, un

des plus regrettés représentants de l'Angleterre à Paris, un ami fidèle et dévoué de la Comédie-Française, on venait de passer au fumoir...

On se mit à discuter *l'Ami Fritz*.

Les uns tenaient pour le succès de cette pièce plus de deux fois centenaire, les autres l'attaquaient vivement.

Les critiques, comme toujours, portaient sur le peu de consistance de l'intrigue, sur l'abus de la table et de la cave, donnant, comme ensemble, une sorte d'apothéose de la mangeaille, une idylle panachée de comestibles, la synthèse de la gloutonnerie, etc., etc...

« — Et vous, mon cher Febvre, me dit lord Lytton, quelle est votre opinion à ce sujet ?

« — Mylord, répondis-je, j'ai pour principe absolu de ne jamais discuter une pièce, dans laquelle je joue : un soldat ne discute pas pendant l'action; à partir du moment, où elle entre en répétitions, (quelle que soit sa valeur) elle devient un chef-d'œuvre pour moi.

« Je fuis même, avec un soin jaloux, toutes les occasions de discourir à cet égard. Le sens critique, à ce moment, deviendrait un obstacle à la bonne exécution de mes études. Mais, soyez persuadé, mylord, que lorsqu'une œuvre atteint le chiffre respectable de cent ou deux cents représentations, c'est qu'il y a pour cela de bonnes et sérieuses raisons. *Le public qui paie* se trompe rarement, et, plus d'une fois, nous l'avons vu casser fort irrespectueusement les arrêts de la critique, et courir, malgré l'avis de la presse, porter son argent au bureau de location.

« Il y a, dans *l'Ami Fritz*, une forme naïve, si vous voulez, mais, robuste et saine ; et le dernier mot de l'ouvrage, en affirmant son succès, le soir de la première, dit assez dans quel esprit il a été conçu, et quelle est l'idée primordiale qui a présidé à sa conception. »

« Il faudra des hommes pour refaire la patrie ! s'écrie le vieux David...

« Les peuples qui cessent de croître marchent à la décadence » : voilà la thèse générale de cette pièce, sans adultère et sans question financière.

Enfin, pour résumer le sentiment des spectateurs, je vous citerai l'appréciation d'un de mes amis qui me disait, au sortir d'une représentation :

« Ah ! mon cher, quelle bonne soirée ; tout cela est si tranquille, si reposant, *qu'on a toujours peur qu'il arrive quelque chose.* Et il avait raison, mon ami ; il n'arrive rien ; c'est, purement et simplement, le développement des caractères qui tient lieu d'action : ce qui n'est pas à dédaigner, à une époque, où, sous prétexte de rajeunir la forme du théâtre moderne, on a supprimé l'exposition, le milieu, et même le dénouement!

Rien de plus curieux, du reste, que l'histoire de ce succès. Avant tout, je tiens à déclarer que les détails qui vont suivre m'ont été fournis par Chatrian lui-même, au cours des répétitions de son ouvrage.

L'Ami Fritz a été présenté, tour à tour, à la Porte-Saint-Martin, à l'Ambigu, à Beaumarchais, à Cluny, et, partout, sa réception fut ajournée ou repoussée. Ce qui prouve que le comité du Théâtre-Français n'est pas seul à se tromper.

De guerre lasse, Chatrian, qui était persistant, déposa le manuscrit chez le concierge du Théâtre-Français.

Quelques jours après, M. E. Perrin, notre administrateur, à cette époque, me fit venir dans son cabinet, et me montrant le manuscrit qu'il venait de lire : — Vous désiriez un rôle, me dit-il; en voici un pour vous, et des plus intéressants, et dans une pièce curieuse.

Got est admirablement partagé; quant à Mlle Reichemberg, elle a été créée pour jouer là dedans, une sorte de Victorine Alsacienne. Je vais faire lire de suite au comité, et nous allons immédiatement commencer les études de *l'Ami Fritz*. Je viens d'écrire à Chatrian, à ce sujet.

J'enverrai un décorateur en Alsace, prendre des croquis. Je vais faire faire la musique et le chœur par Henri Maréchal; — les costumes seront dessinés par Brion; — Charles Marchal nous prêtera, comme modèle, son mobilier alsacien. J'ai, en dehors de vos trois rôles, des personnages amusants pour Barré, Cadet, Garraud, Truffier et Mme Jouassain; enfin, nous allons faire une petite débauche paysannesque; je crois à un gros succès.

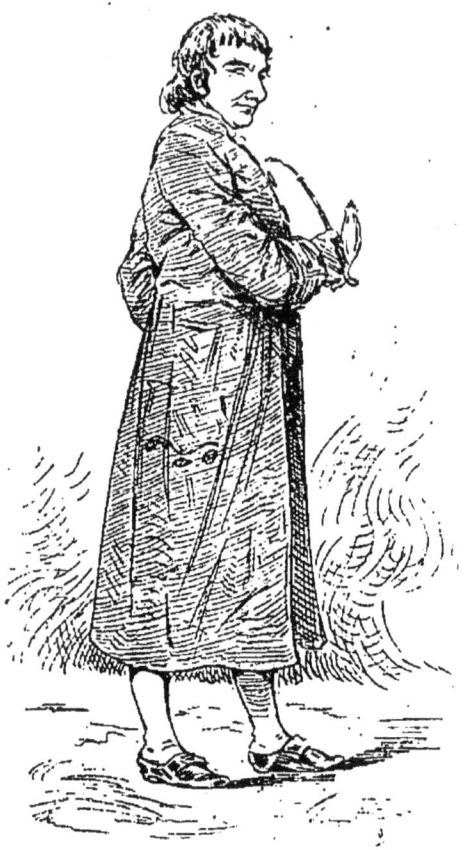

Kobus dans *L'Ami Fritz*.

Le lendemain, à sa grande stupéfaction, Chatrian recevait de M. E. Perrin, avec l'avis qu'il lisait, deux jours après, au comité, la prière de passer tout de suite au théâtre, pour s'entendre avec l'administrateur au sujet de la distribution et des derniers détails.

Chatrian lut les 3 actes de Fritz, et je dois dire qu'il les lut fort bien.

La pièce fut reçue à l'*unanimité;* après la lecture, l'auteur me reconduisit jusqu'au boulevard.

— Et Erckmann, lui dis-je, où est-il donc ?

— Dans les Vosges !

— Il va être bien surpris de tout ceci.

— Rien ne surprend Erckmann, répondit son collaborateur ; cependant, je vais lui télégraphier la nouvelle.

A quelques pas, il entra dans un bureau.

Il en sortit, dix minutes après, en me disant :

— C'est fait; voici la dépêche que je viens de lui expédier :

« Sors du Comité lecture Comédie-Française ; *Ami Fritz* reçu à l'unanimité ; entrons tout de suite répétitions. Bien content, amitiés. Chatrian. »

Le lendemain, comme il se rendait dans la salle du comité pour lire à ses interprètes :

— Et Erckmann, avez-vous sa réponse ? lui demandai-je.

— La voici ; et il me tendit un télégramme, où je lus :

« Puisque bien content, envoie poisson et gibier.

« ERCKMANN. »

Pas de phrase, pas la moindre surprise. Chatrian avait raison. Rien ne surprenait Erckmann.

Les répétitions furent laborieuses ; il fallait, en

gardant la note, éviter tout accent Vosgien, qui eut alourdi la marche générale de l'ouvrage, en en rendant l'audition fatigante, insupportable même.

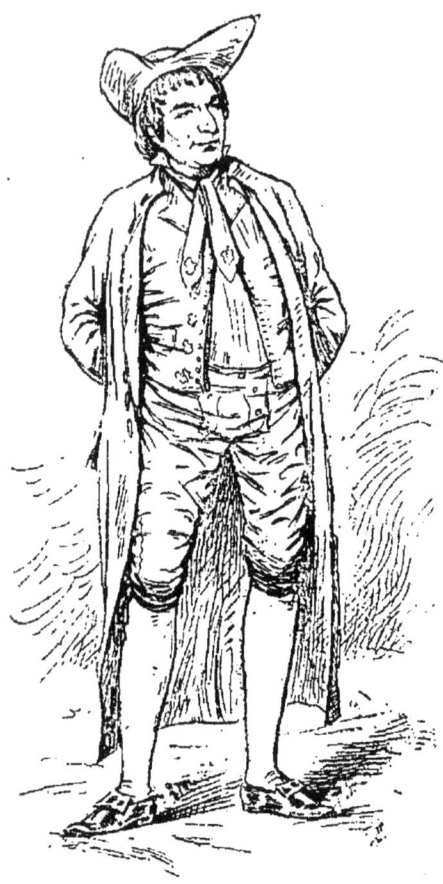

L'ami Fritz.

Le public ne peut se douter de ce qu'il faut de précision, de régularité, pendant ce repas du premier acte, pour que les convives ne soient pas surpris la bouche pleine, au moment de leurs répliques.

Une répétition générale, devant une salle comble, fut la tactique employée par M. Perrin pour répondre aux articles violents de M. Saint-Genest.

Plusieurs fois, nous vîmes arriver Chatrian à la répétition, tenant à la main le journal et nous disant : « Une réclame comme celle-là, dans un journal comme *le Figaro !* mais, ça vaut de l'or ; et, si nous étions justes, les brochures porteraient en tête :

A SAINT-GENEST

ERCKMANN-CHATRIAN RECONNAISSANTS!

La première fut très belle, et l'annonce au public du nom des auteurs, dans laquelle Got souligne les

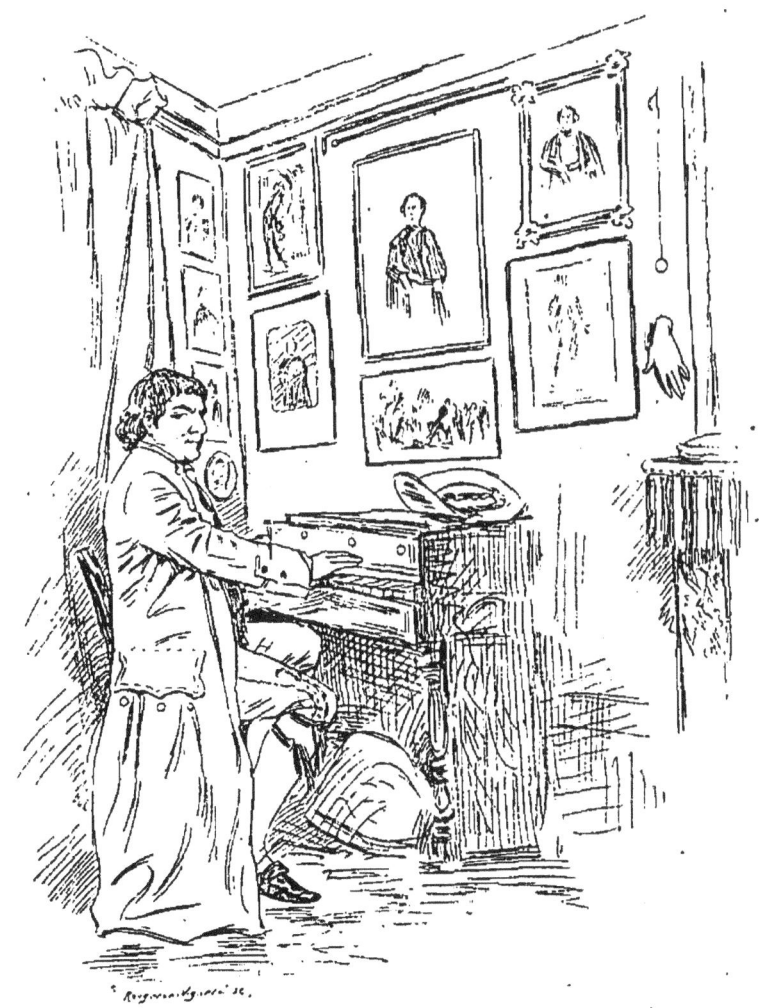

Frédéric Febvre dans sa loge à la Comédie-Française.

mots : *honneur de jouer devant vous*, fut très remarquée, et discutée assez vivement dans la presse.

L'Ami Fritz est une des rares pièces qu'on puisse faire entendre aux enfants.

En Angleterre, je l'ai jouée plus de dix ans, à chacun de mes congés; et, bien souvent, il m'a été donné de voir des pensionnats entiers de jeunes misses occupant tout le balcon.

On a parlé, quelquefois, de la salade du duc Job, inaugurant l'ère des repas naturalistes sur la scène de la Comédie-Française; on oublie qu'en 1848. *Provost* et *Brindeau*, les créateurs de *Il ne faut jurer de rien*, buvaient, au premier acte, du vrai champagne, en mangeant du vrai poulet.

Le théâtre, en général, avant cette époque, s'en tenait aux victuailles en carton et on n'avait guère osé aller plus loin que la modeste soupe aux choux.

Cependant, je retrouve, dans mes notes, ce souvenir curieux : « En 1841, sous M. Trubert, directeur des Variétés, Lepeintre jeune, dans *une Nuit au Sérail*, a consommé pour 500 francs de tasses de chocolat. Il y eut procès et le tribunal mit la dépense aux frais de la direction. (S'il nous eût fallu payer les notes de Chevet, fournisseur du déjeuner du premier acte, nos appointements y eussent passé.)

Dans ces mêmes notes, je relève cette phrase : « 19 mai 1838, mort de Potier. Les admirateurs de son talent étaient aussi nombreux que ses imitateurs seront rares ! » Voilà une belle épitaphe !

Mais, pour revenir à Fritz, s'il n'y avait eu, dans cet ouvrage, que le célèbre menu du premier acte, cela n'eût pas suffi à établir un succès aussi durable ; non, il y avait mieux : au deuxième acte, la scène de la fontaine et de la Bible, celle des cerises, tout un troisième acte ému et touchant.

« Voyez-vous, disait M. Perrin à Chatrian, après le deuxième acte : assez de nourriture, l'estomac dans la coulisse, le cœur en scène ; maintenant, de l'émotion, des larmes ! »

. . . .

Erckman ne quitta les Vosges, pour venir voir sa pièce, que vers la quarantième représentation.

Il parut, un instant, sur le théâtre, nous dit quelques mots aimables... et plus ne le revîmes !...

On n'est pas plus discret.

A la centième représentation, il est d'usage que les auteurs offrent à leurs interprètes un souper.

Erckmann et Chatrian, plus pratiques, envoyèrent, à chacun de nous, une ample provision d'excellent kirsch.

Pour finir, je dois placer, ici, un souvenir personnel.

Un puissant ambassadeur avait demandé, au premier acte, la suppression radicale de cette phrase :

« C'est du Rikevir de 1833, et je n'ai pas besoin de vous dire *à quoi nous le boirons !* »

Je fus prévenu de ce changement, à 4 heures du soir ; il fallait respecter la *coupure officielle*, mais, tâcher de sauver l'effet.

J'imaginai le jeu de scène suivant :

« Videz vos verres, disais-je, en élevant la bouteille, nous allons boire à la santé de notre ami Joseph, qui arrive de *la vieille Alsace.* »

(*Vieille Alsace* avait été négligé par le terrible censeur.)

Après avoir rempli les coupes de mes trois compagnons, celle de Suzel ; après avoir choqué nos verres, nous nous levions gravement, et, têtes découvertes, nous buvions en silence. L'effet fut plus grand que si j'avais prononcé la phrase supprimée. Le personnage officiel qui avait demandé ce changement et qui était, ou plutôt, qui est encore un homme de beaucoup d'esprit, vint au foyer, l'acte terminé... « Ah ! me dit-il à mi-voix... je n'avais pas prévu ce jeu de scène... et, surtout, ce silence. »

En m'inclinant, je répondis :

— C'est que si méfiante, si prévoyante, si perspicace même que puisse se montrer la censure, d'où qu'elle vienne, il existe, entre le public et le comédien, une sorte de communion occulte, qui défie les ciseaux les mieux exercés.

Quelle année que celle de 1876! Du 14 février au 4 décembre, j'ai répété, en dehors du répertoire classique, dix actes, dont *huit*, dans deux ouvrages nouveaux, et deux actes, dans les reprises du *Post-scriptum* et du *Caprice*.

Cette année, le partage s'éleva à la somme de *quarante-deux mille francs*, pour chaque sociétaire à la part entière.

1877

17 avril.

Bressant se fait remplacer par moi, dans *Un Cas de conscience*, comédie en un acte, d'Octave Feuillet. Mlle Favart succède, de son côté, à Mme Plessy.

18 juillet 1877.

M. Perrin avait été obligé de se rendre à Aix, pour y suivre un traitement. Au moment de son départ, je répétais le Comte Almaviva, du *Barbier de Séville*, et je me souviens d'une correspondance échangée entre nous, à propos de la mise en scène de la pièce de Beaumarchais.

« Mon cher sociétaire, m'écrivait-il, votre idée du clavecin est délicieuse ; de plus, elle supprime cette naïveté d'un accompagnateur invisible ; mais, prenez bien garde : réussissez; ou vous allez vous faire donner sur les doigts, pour vous permettre de supprimer une tradition ridicule, même en y substituant un jeu de scène, si ingénieux qu'il soit.

« Pour l'épinette, que vous n'avez pu trouver à Versailles, voyez chez Mme Erard ; votre ami Quidant vous prêtera ses précieuses lumières ; vous avez tout crédit pour cette acquisition.

« Bon succès ; mais, soyez prudent.

« Bien affectueusement à vous,

« E. PERRIN. »

La tradition, ou pour mieux dire, les comédiens qui se sont succédé dans le rôle du comte, n'étant pas pianistes, s'étaient contentés, jusqu'à ce jour, de battre la mesure, pendant que Rosine chantait les jolis couplets : *Quand dans la plaine,* etc., etc..., un instrument, placé dans la coulisse, accompagnait la voix de la pupille de Bartholo.

D'où provenait le son d'un instrument, qu'aucun des personnages ne jouait en scène ? C'était idiot !

J'avais obtenu qu'on plaçât en scène le clavecin.

Il avait suffi de modifier, à peine, le texte :

« Voici son clavecin ; amusez-vous, en l'attendant, disait Bartholo ; — au lieu de : — Son clavecin est dans cette pièce (et il désignait un petit cabinet à droite).

Avec ma nouvelle mise en scène, vous voyez d'ici le tableau.

Bartholo dans son fauteuil, presque au milieu du théâtre ; à gauche, la petite épinette, que touchait le prétendu élève de Dom Basile ; Rosine, à sa droite, son cahier de musique à la main, surveillait les mouvements du fâcheux tuteur.

A mesure que le sommeil gagnait ce dernier, Rosine se rapprochait d'Almaviva.

Celui-ci, à la fin du premier couplet, n'ayant pu s'emparer de la main de Rosine — car Bartholo faisait un mouvement — à l'issue de la seconde strophe de la chanson, plus heureux cette fois, pouvait baiser les doigts de Rosine, pendant que de la main gauche, il continuait à plaquer des accords.

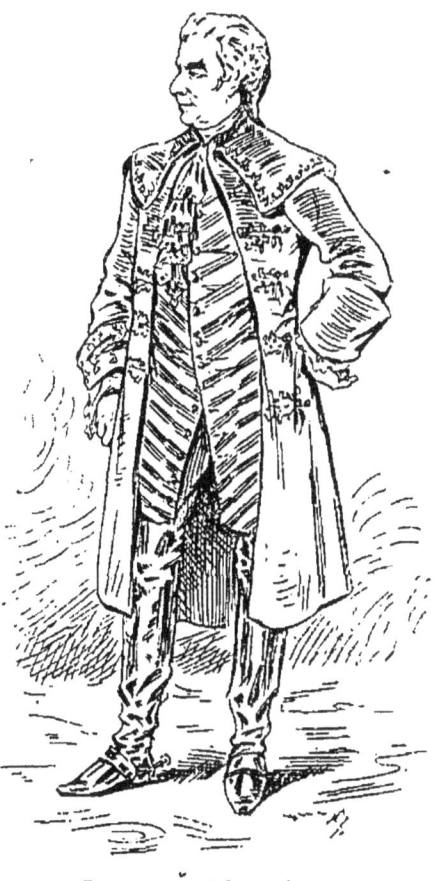

Le comte Almaviva
dans *Le Barbier de Séville*.

Puis, voyant le tuteur éveillé, il prenait vivement l'attitude d'un musicien très occupé à déchiffrer le morceau placé devant lui.

Ce jeu de scène, bien simple, cependant, mais,

d'un grand effet, était devenu, dans les derniers temps de mon séjour à la Comédie-Française, le clou du troisième acte.

A chaque représentation, la scène était bissée, trissée même. Je dois dire que Mme Worms Baretta exécutait ce morceau avec une grâce incomparable.

A mon avis, on n'a jamais fait à cette comédienne la situation à laquelle elle avait droit de prétendre; car, elle possédait deux qualités bien rares au théâtre : outre la beauté, elle était chaste et tendre. Quelle délicieuse Victorine... Après elle, qui rendra à ce rôle l'intensité de sensibilité qu'elle y déployait...

Son véritable emploi, celui dans lequel elle était sans rivale, était celui des amoureuses, c'est-à-dire un juste milieu entre l'ingénuité et le jeune premier rôle.

Mlle Reichemberg est une ingénuité;

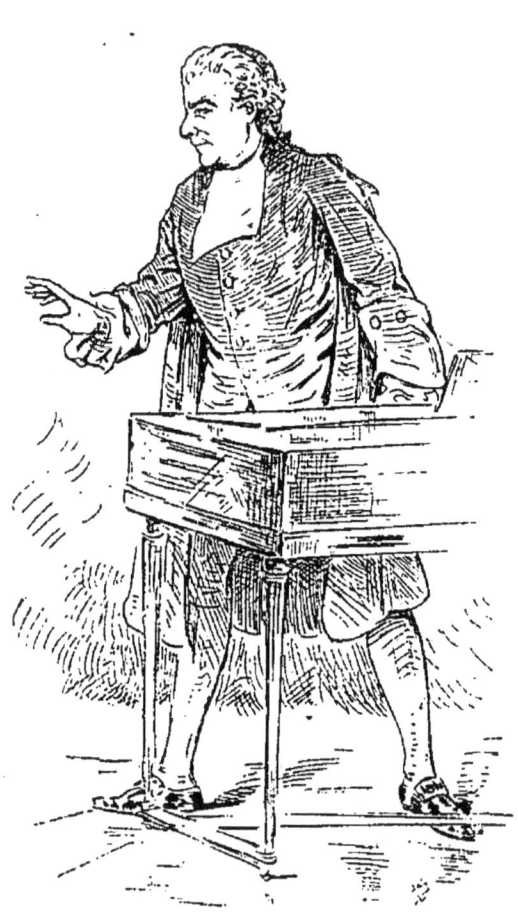

L'abbé dans *Le Barbier de Séville*.

Mme Worms une amoureuse;

Mlle Bartet une jeune première;

Mlle Marsy un premier rôle.

Si Mlle Reichemberg est l'esprit, Mme Worms-Baretta est le cœur.

De même que ces deux excellents comédiens, disparus trop tôt, Thiron et Barré, pouvaient être classés ainsi :

Thiron demandait et obtenait tout par la diction et l'esprit, sans se préoccuper beaucoup de la vérité.

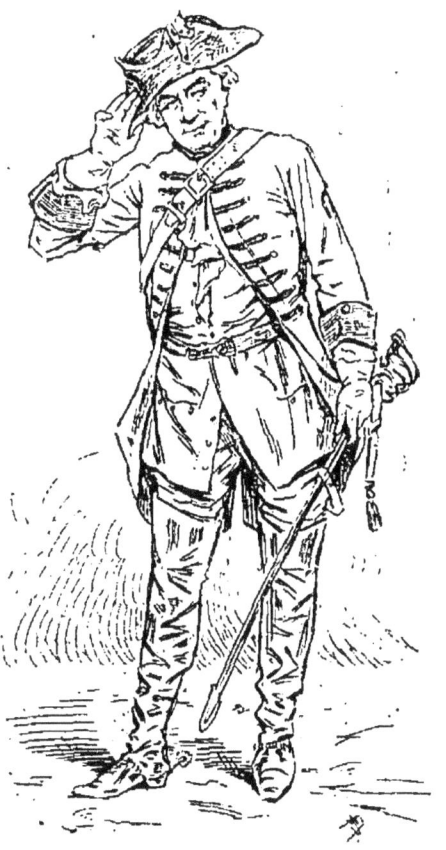

Le soldat
dans *Le Barbier de Séville.*

Barré, au contraire, marquait toutes ses créations de ces deux empreintes inaltérables, le naturel et la bonté.

On pouvait dire au premier, que s'il était du *gâteau*, Barré, lui, était le *pain*.

A son retour d'Aix, je reçus les compliments de M. Perrin, qui me répéta, en souriant : »

« — Mais, que vous avez bien fait de réussir ! »

Cette année j'employai mon congé à aller donner à Londres des représentations de *l'Ami Fritz*, avec une troupe d'artistes de Paris, libres d'engagement, en ce moment.

Mlle Alice Lody, qui faisait Suzel, eut un grand et légitime succès...

Comment, avec un si joli physique, une intelligence si remarquable, ne se fit-elle pas à Paris, une situation ; je ne l'ai jamais compris. Et on se plaint de la rareté des comédiens !!!

La pièce, avec ses allures honnêtes, fit grand plaisir ; et depuis, je ne suis jamais retourné en Angleterre, sans rejouer ce Fritz Kobus.

Pour les Anglais, il y a deux rôles qui m'ont classé dans leur appréciation artistique :

Master Febvre, *as Fritz*.

Master Febvre, *as Don Saluste*.

La différence morale et physique séparant le joyeux célibataire alsacien du sombre marquis espagnol, a toujours été pour eux un sujet d'étonnement.

Un soir je fus prié, par Lady K... de jouer dans son salon, deux petites comédies, avec Mme Febvre.

Nous ignorions absolument la composition de l'auditoire ; aussi quelle fut notre surprise, alors que le rideau fut levé, de voir assis au premier rang, entouré de tout le corps diplomatique, se tenant debout derrière le fauteuil qui lui était réservé, Son Altesse Monseigneur le Prince Impérial, à qui la maîtresse de la maison avait ménagé cette surprise de lui donner la comédie, en langue française.

Jamais je n'oublierai le sourire radieux qui éclaira le visage de ce malheureux jeune homme, en entendant parler cette langue, qui lui était un doux souvenir de son heureuse enfance.

Après le spectacle, il vint de suite à nous, les mains tendues, les yeux mouillés de larmes.

« Quelle bonne surprise, répétait-il, et combien je vous remercie de tout le bonheur que vous venez de me donner. »

Le jour de ma représentation d'adieux, le Prince était venu exprès de Chislehurst, pour me donner une marque de sa sympathie.

Son Altesse occupait l'avant-scène de droite.

A un moment donné, une grossière injure, à son adresse, partit des galeries supérieures.

Les spectateurs, indignés, en protestant par leurs applaudissements, firent raison au prince de cette lâcheté.

Le misérable fut mis dehors.

Après avoir été saluer le Prince à Chirslehurst, je

pris congé de lui, et rentrai à Paris, quelques jours après.

A mon retour en France, une surprise désagréable m'attendait; tous ceux que je rencontrais m'accueillaient avec des phrases comme celle-ci.

— Hein, quelle affaire!

— Quoi ? quelle affaire?

— Votre affaire avec le Prince.

— Quel Prince?

— Avec le Prince impérial.

— Je ne comprends pas !

— Vous ne savez donc rien?

— Asolument rien... En quittant Londres, j'ai été passer quelques jours chez des parents, au fond de la Bourgogne, et n'ai lu aucune feuille publique.

— Eh bien ! mon pauvre ami, voilà quatre jours au moins, que vous êtes attaqué avec violence dans certains journaux.

— Et pourquoi?

— On vous reproche d'avoir adressé, en scène, un compliment au Prince impérial.

Un peu surpris, je l'avoue, de la tournure que prenaient les choses, je me rendis chez M. Emile Perrin.

— Mon cher enfant, me dit-il, je vous sais trop prudent, trop sage, pour être coupable de ce dont on vous accuse; mais, à tort ou à raison, il s'est formé un gros nuage; laissons-le passer, et quand vous aurez fourni les explications qui ne peuvent manquer de mettre fin à ces ridicules racontars, vous rentrerez, dans *l'Ami Fritz*... mais, en ce moment, ce ne serait pas prudent.

— D'où est parti le premier récit de cette invraisemblable aventure? lui demandais-je.

— De *l'Evénement*, je crois...

Je me rendis, en compagnie de M. Aurélien Scholl, chez M. Magnier, Directeur de *l'Evénement*.

Il avait reçu, me dit-il, une note de Londres, certifiant l'exactitude des faits.

Après que nous eûmes démontré au futur sénateur, que toute cette histoire était aussi fausse que ridicule, il nous promit, avec une parfaite courtoisie, de faire paraître un entrefilet démentant cette fâcheuse aventure.

Le Figaro et *le Gaulois*, de leur côté, voulurent bien m'aider à rétablir la vérité. L'incident paraissait clos.

Le terrain bien net, bien déblayé, il fut convenu que je reparaîtrais, le mercredi suivant, dans *l'Ami Fritz*.

En arrivant de la campagne, un voyageur ayant laissé dans le wagon un journal... j'y jetai les yeux... et aperçus mon nom!... voici les quelques lignes que me consacrait l'aimable feuille :

« C'est ce soir que rentre à la Comédie-Française, M. Febvre, et c'est ce soir que nous espérons bien que les bons citoyens donneront à ce comédien, retour de Chislehurst, la leçon qu'il mérite! »

Je communiquai de suite cet article à M. Perrin.

— Vous avez fait ce que vous deviez, me répondit-il. Vous avez démenti les faits qui vous étaient imputés, vos loyales explications ont été enregistrées par la presse, vous ne pouvez vous préoccuper de certaines violences de langage de quelques journaux; et, au moment où le chef de l'état, le pape, la religion, la famille, les plus douces croyances, tout est attaqué, battu en brèche, vous n'espérez pas, je suppose, être épargné... advienne que pourra! mais, je suis bien tranquille, il n'arrivera rien.

Le soir, au moment d'entrer en scène, je dis à Delaunay, qui était de semaine :

— Je suis sûr qu'il va m'arriver quelque chose !

— Tu es fou, me répondit mon illustre camarade... ici... à la Comédie-Française ? Entre donc sans crainte.

Comme j'entrais... deux coups de sifflet partirent en même temps, l'un, du parterre, l'autre, des galeries supérieures.

Je m'arrêtai et attendis que le public fasse justice d'une aussi grossière injure : ce ne fut pas long.

Tout l'orchestre debout, criait : A la porte... c'est une infamie !

Quand on eut mis dehors, d'abord, dedans, ensuite, les deux goujats qui avaient provoqué tout ce désordre, le public, tourné de mon côté, se mit à applaudir, voulant par ses marques de sympathie me consoler de l'acte odieux, dont je venais d'être victime.

Trois saluts au public, pour lui exprimer ma profonde gratitude, et la pièce continua.

Un artiste, sifflé en scène pour ses opinions politiques, cela ne s'était pas vu, depuis Mlle Mars, à propos d'un petit bouquet de violettes qu'elle portait à sa ceinture, pendant la restauration ; j'étais, dans mon malheur, en bonne compagnie.

4 décembre 1877.

Première représentation de *Petite Pluie*, comédie en un acte en prose, de M. F. Pailleron, jouée par Mmes Plessy, Broisat, Jeanne Samary, MM. Jolliet, Roger et moi.

Jamais mise en scène ne me donna plus de mal. M. Perrin, souffrant, m'avait confié le soin, de monter cette pièce ; il y avait un orage.... qui m'a rendu bien malheureux : seize coups de tonnerre gradués, expressifs, lointains, rapprochés, toute la gamme de la foudre !.....

La Comédie-Française est, à Paris, le seul théâtre qui puisse s'offrir un tonnerre aussi parfait; c'est l'orage dans toute sa vérité..... et cette foudre subventionnée est sans rivales.

L'appareil étant placé au-dessus de la salle, il semble au spectateur que les nuages se sont accumulés sur sa tête.....

Sous cette vaste coupole, où fonctionnent, si admirablement, les éléments déchaînés par quelques auteurs, il est un petit coin sombre... « *qu'avec terreur on nomme,* » inconnu de la foule : c'est le cimetière des bustes. Sous une épaisse couche de poussière, là, sont reléguées les images de tous les souverains disparus. Comme emblème du règne de quelques-uns, le plâtre coudoie le bronze. Rien de plus macabre que cette réunion, aussi choisie qu'avariée.

Napoléon Ier, Louis XVIII, Charles X, Louis-Philippe, Marianne n° 1, le Prince-Président Louis-Napoléon, l'Empereur Napoléon III... ; un peu plus loin, dans un recoin discret, comme il convient à des parvenus: M. Thiers, M. Grévy.....

Louis XVIII n'a plus de nez... on l'a placé, sans doute, trop près de Marianne... n° 2 !

Quand la nuit est venue, que la salle est déserte, et qu'on n'entend plus que le pas régulier et monotone du pompier de service qui arpente la scène..... là-haut, dans le musée des disparus, on perçoit quelquefois des bruits étranges. Ce sont, n'en doutez pas, les souverains qui causent entre eux et discutent sur la valeur des comédiens nourris sur leur cassette, et qui composaient la troupe de la Comédie-Française, alors qu'ils régnaient et que leur buste trônait au foyer public et à celui des artistes.

Pour éviter ces changements continuels, on a placé, il y a déjà quelque temps, le bronze de Préville sur la cheminée du foyer des comédiens.

Un soir, un abonné demanda à un sociétaire, peu partisan du régime qui nous régit, en lui montrant le bronze du créateur de Figaro :

— Qui est ce monsieur, je vous prie?

— C'est « l'essai loyal », lui répondit l'artiste.

1878

4 octobre 1878.

Première du *Sphinx*, drame en 4 actes, de Feuillet, joué par Mmes Sarah Bernhardt et Croizette;

MM. Delaunay, Maubant et Coquelin cadet, très remarqué dans un rôle de pianiste à longs cheveux.

Je jouais un rôle d'anglais, *Lord Asthley*.

M. Perrin avait monté cet ouvrage, avec un soin tout particulier.

Il convient de citer une décoration à sensation, celle du second acte.

Le fond d'un vaste parc éclairé par la lune, un vrai bijou.

Au premier acte, le public vit, pour la première fois au théâtre, un intérieur de salon, dont l'éclairage venait d'un plafond lumineux.

Au point de vue de l'interprétation, le succès tint à deux causes, l'effet produit par Mlle Croizette, au moment de sa mort. Ce spectacle saisissant valut un triomphe à la charmante comédienne.

La seconde cause fut l'effet immense produit par la scène des deux femmes, au quatrième acte, où Sarah et Croizette rivalisaient de talent et de force.

Jamais, à mon sens, Sarah ne rencontra à la Co-

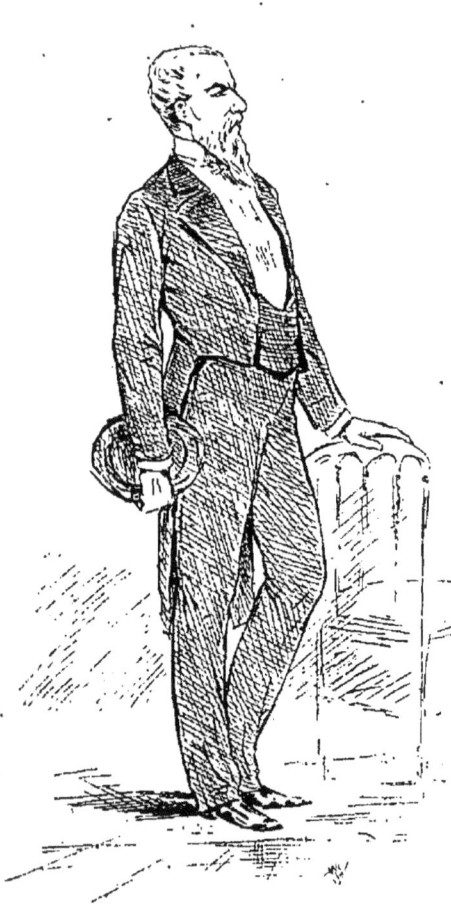

Lord Asthley dans *Le Sphinx*.

médie-Française, un rôle lui permettant, comme celui-là, de déployer tant de grâce, de jeunesse, de beauté et de sincère émotion.

Le charme de toute sa personne, sa correction, son jeu élégant et discret, tout était parfait ; elle a pu donner souvent une note plus forte, mais, jamais plus juste.

Depuis longtemps déjà, j'avais remarqué que Son Altesse Monseigneur le Prince de Galles, lorsqu'il nous faisait l'honneur de venir à la Comédie, en était réduit, faute d'un local réservé à cet effet, à aller fumer sa cigarette hors du théâtre, sous la galerie.

J'avais obtenu de M. Perrin, toujours si correct, l'autorisation de transformer notre salle de comité en une sorte de petit fumoir, qui permettrait au Prince de recevoir ses amis, dans les entr'actes, tout en aspirant quelques bouffées de tabac russe.

Le prince, je dois le dire, avait été très sensible à cette attention.

Un soir, que son Altesse assistait à une représentation du drame de Feuillet, il demanda, à un de ses familiers (de qui je tiens ces détails) comment il pourrait reconnaître mes prévenances à son égard.

« En Angleterre, avait dit le prince, s'il existait une décoration artistique, je la donnerais à Febvre, avec grand plaisir ; mais, comme cela est inconnu chez nous, je suis très embarrassé... Acheter un

objet quelconque pour le lui offrir, c'est banal.....
Si je lui donnais ma canne... pensez-vous que ce
souvenir lui soit agréable?

— N'en doutez pas, Monseigneur, avait répondu
l'ami de Son Altesse.

Après le troisième acte, quand le prince vint au
foyer pour complimenter les artistes, après avoir
félicité Sarah et Croizette, il se tourna vers moi en
me disant :

« Tous mes compliments, monsieur Febvre, votre
Anglais est absolument moderne, et, pour ma part,
je vous sais gré de ne pas lui avoir donné ce bara-
gouinage insupportable, dont on gratifie mes compatriotes, chaque fois qu'on les met en scène... Vos
toilettes..... votre aspect extérieur, tout est bien...
Il n'y a qu'une chose à reprendre... c'est votre
canne... Permettez-moi de vous offrir la mienne. Si
cela peut lui donner quelque prix à vos yeux, elle
ne m'a presque jamais quitté... et a fait avec moi
le voyage des Indes.

Comme je remerciais vivement Son Altesse, non
seulement du précieux souvenir, mais, des termes
dans lesquels il venait de m'être offert... le prince
ajouta en souriant :

« — Oui, mais vous allez jouer avec? »

Les journaux ayant raconté l'incident, le lendemain même, commença une procession d'Anglais, se

présentant chez moi pour m'acheter le jonc princier ; et, je dois le dire, j'eus beaucoup de peine à persuader à tous ces messieurs, que je désirais absolument ne pas m'en défaire.

Il y en eut un, surtout, plus tenace encore que les autres, à qui j'avais envie, comme réponse, de raconter l'histoire arrivée à mon cher et regretté camarade Berthelier.

Le joyeux chanteur dînait à table d'hôte, dans une ville de bains de mer ; on passait les fraises, et il en restait déjà fort peu, quand Berthelier vit son voisin, un Anglais, à qui le maître d'hôtel présentait l'assiette, faire tomber dans la sienne presque tous les fruits qu'on lui offrait.

« Mais je les aime bien aussi, murmura timidement Berthelier. »

Alors, son farouche voisin, en s'emparant des dernières, lui répondit :

« — Pas tant que moi !... »

Et, comme mon acquéreur obstiné me disait :

« — Mais, je tiens beaucoup à cette canne... j'avais envie de lui répondre, aussi, comme son insatiable compatriote :

« Pas tant que moi !... »

Je parlais, quelques lignes plus haut, de M{{lle}} Croizette. Je ne puis résister, en prononçant son nom, au désir de dire ici quelle bonne et charmante camarade nous perdîmes à son départ. Charitable, modeste, studieuse, consciencieuse, d'une humeur égale, toujours souriante, quoique parfois bien souffrante.

Quand on songe à la brillante situation, qu'elle occupait à juste titre, à ses succès, et qu'on peut constater qu'elle n'a laissé que des regrets, c'est le plus bel éloge, ce me semble, qu'on puisse faire d'une femme, que ses camarades pouvaient jalouser comme artiste, sans cesser pour cela d'aimer l'amie et d'estimer la camarade.

Ce n'est certes pas à Mlle Croizette qu'on eût pu réserver cet épitaphe, composée en l'honneur d'une de ses camarades :

Elle emporte tous les regrets !

Ce qui fait qu'elle n'en laisse pas !

Ce mot me remet en mémoire un trait bien piquant de Madeleine Brohan.

On s'étonnait, un jour, devant elle, qu'une de ses camarades, d'une laideur proverbiale et d'un caractère en rapport avec son physique, ait pu se marier avec un monsieur qui ne lui cédait en rien, à tous les égards, et dont l'esprit était d'une malveillance féroce.

« Comment ces deux êtres ont-ils pu se choisir? » demandait-on à la spirituelle comédienne.

« — Ils ne se sont pas choisis, répondit-elle, sans hésiter. *Ils se sont restés !* »

Cette année encore, je donnais quelques représentations à Londres. J'y retrouvai le prince impérial, très au courant des incidents de ma rentrée à la Comédie-Française.

Son Altesse avait appris l'histoire des deux coups de sifflet; aussi, la première fois que j'eus l'honneur de le revoir :

« Eh bien! me dit-il, mon pauvre monsieur Febvre, vous avez donc été blessé à mon service? »

Je rencontrai encore, une fois ou deux, le prince, dans le monde, ne me doutant guère que je ne devais plus revoir ce malheureux jeune homme; car, il allait partir bientôt pour le Zouzouland, où il devait périr assassiné, grâce à l'abandon d'un officier, dont le nom est devenu pour les Anglais eux-mêmes, synonyme de lâcheté!

Quand, à Londres, je jouais dans un salon, il arrivait souvent que, pour me désigner, un des invités disait à son voisin, faisant allusion au souvenir que m'avait offert le prince de Galles : *C'est celui qui a la canne !...*

2 décembre 1878.

Première du *Fils naturel*, comédie en 5 actes, d'Alexandre Dumas fils. La pièce avait pour interprètes : Mmes Favart, Jouassain, Baretta ;

M. Worms, qui débutait, ou plutôt rentrait à la Comédie-Française, où il aurait dû être sociétaire depuis dix ans, sans un acte de mauvaise administration — M. Coquelin aîné, M. Thiron, M. Boucher et moi.

De l'avis de bien des gens, et des non moins compétents, le titre de cet ouvrage a toujours été un obstacle à sa complète réussite. Je parle au point de vue des recettes, bien entendu.

Dumas a eu beau dire, dans une de ses comédies : Tous les enfants sont naturels... ce mot sur l'affiche rendit, cette fois encore, malgré tous nos efforts, le succès pécuniaire de quelque difficulté.

L'auteur me racontait, un jour, au sortir d'une répétition, que Montigny, la veille de la première au Gymnase, lui avait demandé la suppression du mot de la fin :

« Oui, mon oncle ! » et de le remplacer par un autre plus doux. — « Jamais de la vie, me disait Dumas, je n'eusse consenti à rien changer à mon dénouement, qui est, à lui seul, la logique de toute la pièce. Comment ! voilà un monsieur à qui il plaît de reconnaître l'enfant, qu'il a abandonné, lorsque cet enfant est en passe de devenir, peut-être, ministre ?... et ce fils, qui sait ce que sa mère a souffert de l'abandon de ce père oublieux de tous ses devoirs, va bénévolement mettre sa main dans celle de cet inconnu, en lui disant : oui, mon père !... Jamais... ! Que la pièce ne fasse pas d'argent, c'est un malheur ; mais, encaisser des recettes, en détruisant tout ce que j'ai fait au nom de la logique la plus élémentaire, je le répète... Jamais !... »

Et vous trouverez des gens qui vous diront que le théâtre de Dumas est immoral !...

Mais, que ces aveugles, que ces sourds relisent donc les plus belles pièces du répertoire de l'auteur des *Idées de Mme Aubray*; à chaque scène, à chaque ligne, ils y verront un plaidoyer en faveur de la femme... la glorification du foyer, de la famille... Il est vrai que ces mêmes gens se tordent, en voyant, dans le répertoire classique, un fils faisant mettre son père dans un sac et le faisant rouer de coups de bâton par son valet.

En 1879, toute pièce qui, chaque soir, ne faisait pas le maximum, ne pouvait rester longtemps sur l'affiche. Les frais étaient trop considérables pour jouer la moyenne — comme on dit au théâtre — et le budget prévu qui, sous M. Thierry, en 1867, était de onze cent soixante mille francs, atteignait, en 1878, sous la nouvelle administration, presque le chiffre de quatorze cent mille francs.

La pièce de Dumas resta quelque temps au répertoire du Théâtre-Français, fut reprise plusieurs fois; aujourd'hui, elle appartient à l'Odéon. C'est un bonheur pour l'Odéon, et une des œuvres les plus fortes du maître, dont s'est privée la maison de Molière.

1879

4 avril 1879.

La Comédie-Française donne, pour la première fois, *Ruy Blas,* avec la distribution suivante pour les principaux rôles :

Don César de Bazan.	MM. Coquelin aîné
Don Saluste	Febvre
Ruy Blas	Mounet-Sully
Cameria mayor	Jouassain
La Reine	Mmes Sarah-Bernhardt
Casilda.	Baretta

Les plus petits rôles, tenus par des chefs d'emploi, cinq décors merveilleux, des costumes splendides, de la musique du pauvre Leo Delibes : voilà dans quelles conditions fut représentée l'œuvre du Maître.

Ce fut une belle soirée, et, le 4 avril 1879 est, sans contredit, une date glorieuse pour la Comédie et une des pages brillantes du règne de M. Perrin.

Victor Hugo assista aux dernières répétitions de son ouvrage. Un jour que j'étais de semaine, M. Perrin (à cette époque conseiller municipal) dut s'absenter pour se rendre à l'Hôtel de Ville ; avant de partir, il me fit toutes ses recommandations, entre autres, celle de ne pas laisser sortir le Maître, attendu qu'il neigeait très fort et que le froid était très rigoureux. Vu son âge, ajouta l'administrateur, en souriant, s'il avait besoin de quelque chose, offrez-lui vos services. En un mot, je le confie à vos bons soins.

Après le deuxième acte, comme je demandais à l'illustre poète s'il ne lui serait pas agréable de visiter mon cabinet de semainier et plus agréable encore que je l'y laissasse seul quelques instants... il accepta sans se faire prier.

J'ouvris la porte et m'effaçai pour le laisser passer. Au moment où il gravissait la dernière marche qui sépare ce réduit de la scène, je risquai timidement ce mot :

— Les dieux, eux-mêmes, ne sont pas à l'abri de ces misères.

— « Pas même, » me répondit-il, d'un ton presque affligé... Et la porte se referma.

Un des souvenirs les plus agréables que j'ai conservés de *Ruy-Blas* est celui d'une des dernières répétitions générales.

La nuit était venue, et, dans ce sombre décor du cinquième acte, nous ressemblions à des ombres mystérieuses s'agitant dans une inquiétante obscurité.

On avait proposé des lampes. « Non! avait répondu M. Perrin, assis à l'orchestre aux côtés de M. Hugo et P. Meurice; non, continuons comme cela, c'est d'un effet très curieux. »

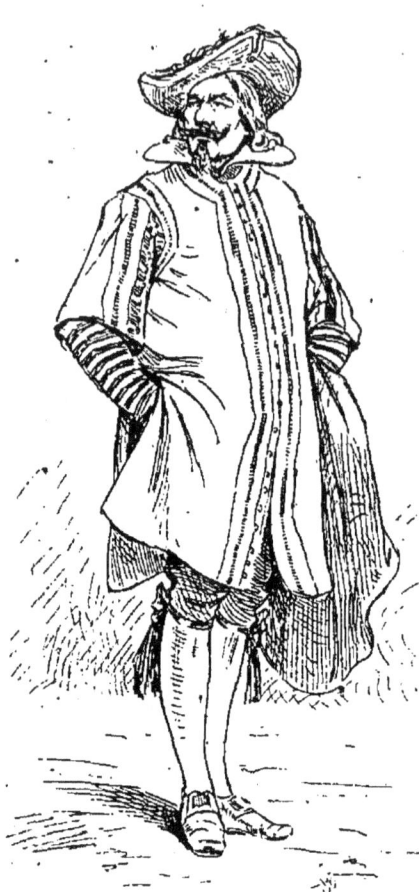

Don Saluste dans *Ruy Blas*.

L'illusion, en effet, était telle que Mounet et moi (nous en avons bien souvent reparlé) en étions arrivés à oublier nos personnalités : c'était bien Ruy-Blas, qui allait égorger Don Saluste.

Hugo fut enchanté et nous adressa ses compliments, de même que M. Perrin ; le poète n'était pas prodigue d'encouragement. Je profitai de l'occasion pour lui présenter une respectueuse observation :

« — Dans la brochure, monsieur Hugo, il y a cette indication :

« Ruy-Blas saisissant Don Saluste à la gorge et le poussant dans le cabinet ?... »

« — Eh bien ? fit le poète.

« — Eh bien, cher maître, à mon avis, le public est bien plus effrayé de ce qu'a pu concevoir son imagination que de la réalité qui s'offre à ses yeux.

« Si mon camarade Mounet me saisit à la gorge, ce ne sera jamais que Mounet se livrant à des voies de fait sur Febvre..... auquel il se garderait bien de faire du mal, puisqu'il faut rejouer la pièce le lendemain ; mais, si au lieu de ce jeu de scène indiqué, à peine Ruy-Blas s'est-il emparé de l'épée de Don Saluste, celui-ci se sentant perdu, se mettait à ramper, les mains appuyées à la muraille, cherchant un abri, comme un rat cherche un trou, quand il sent que la dent du chien va l'atteindre... je crois qu'il y aurait là un grand effet.

« — Alors ? répondit Hugo, qui écoutait avec beaucoup d'attention.

« — Alors, à un moment donné, ma main droite rencontre la portière de tapisserie. Sentant derrière moi un asile, je *m'engouffre*... pendant que Ruy-Blas, d'un geste superbe, traverse d'un furieux coup d'épée la tenture, derrière laquelle je me suis blotti.

« En voyant cela, l'imagination du spectateur, soyez-en certain, lui laissera croire que cette épée m'a atteint soit au visage, soit en plein corps... en un mot, il faut qu'on *devine* cette scène atroce..... cette boucherie vengeresse, qui perdrait tout son côté sauvage, si on en donnait le vrai spectacle au public. »

Après un instant de silence :

« — Voulez-vous, fit le maître, je vous prie, jouer la scène comme vous venez de me l'indiquer ?

Quand ces messieurs eurent regagné leurs places à l'orchestre, Mounet et moi exécutâmes la scène avec la nouvelle mise en scène proposée.

L'effet fut immense... et Hugo, de sa place, nous dit :

« — C'est superbe... il n'y a pas à hésiter... et je vous remercie, Messieurs. »

Nous étions ravis, mon camarade et moi... et je suis heureux de pouvoir constater, dans ces souvenirs, que le public ratifia l'opinion du grand poète.

En soumettant cette variante à M. Hugo, j'étais d'autant moins rassuré, qu'on m'avait conté qu'à une répétition de *Marion Delorme*, Louis Monrose, s'étant approché de l'auteur, et lui montrant son rôle, avait osé lui dire :

« — Ce doit être une erreur de copie ; car, il y a là une faute de français ? »

Sans sourciller Hugo avait répondu :

« — Vous ne trouvez pas ce mot français, monsieur Monrose ?

« — Non, Monsieur...

« — Eh bien ! il le deviendra !... »

Et, là-dessus, Hugo s'était éloigné, laissant Monrose abasourdi !

La première fut une soirée triomphale pour l'auteur et l'occasion d'un nouveau succès pour mes illustres camarades. Quant à moi, je fus largement payé par la presse, le public, et surtout par le mot que m'adressa le maître.

A l'issue de la représentation, M. Perrin avait réuni sur la scène les artistes qui avaient joué, M. Hugo désirant leur exprimer, en quelques mots, sa gratitude.

Il prit, d'abord, la main de Sarah Bernhardt, et la portant à ses yeux, encore tout humides :

« — Laissez-moi vous offrir une des larmes que

votre beau talent a fait couler des yeux du vieux poète. »

Après avoir exprimé, à Coquelin et à Mounet, toute sa satisfaction, il se tourna vers moi, en disant :

— Quant à vous, Monsieur, tous mes compliments, vous avez eu au cinquième acte : un *engouffrement sublime !...*

//
DEUXIÈME PARTIE

1879

Le besoin de réparations urgentes amena, cette année, la Comédie à donner, pendant la fermeture autorisée de son théâtre, des représentations au Gaiety-Théàtre de Londres, dont les directeurs étaient MM. Mayer et Hollixead.

Le répertoire, choisi d'un commun accord, exigeait la présence de presque tous les artistes composant la tête de troupe...

Il nous avait paru, d'ailleurs, que, pendant cette période de calme et de prospérité, il était de notre devoir de rendre au public anglais une visite que nous lui devions, en souvenir de l'accueil que nous avions reçu de lui à Londres, en 1871.

Depuis plus de six mois, je travaillais avec M. Johnson, correspondant du *Figaro*, à cette époque, à un *Album de la Comédie-Française*, dont la dédicace, sur ma demande, avait été acceptée par Son Altesse Royale, Monseigneur le Prince de Galles.

Dumas avait écrit la préface; chaque sociétaire avait tracé de sa main une pensée, au bas de son portrait, gravé à l'eau-forte par un artiste de talent, mort ces temps derniers, M. Abot.

Sarah Bernhardt, elle-même, avait bien voulu dessiner le frontispice.

L'ouvrage était imprimé en beaux caractères, sur papier de Hollande, à deux colonnes. Texte anglais et français.

En outre, vingt autres albums furent édités sur papier de Chine et Whatman.

Aujourd'hui, c'est un ouvrage épuisé.

Je relève, parmi les illustres souscripteurs, les noms suivants :

Sa Majesté la Reine d'Angleterre; Son Altesse Royale Monseigneur le Prince de Galles; Duc d'Edimbourg; Sa Majesté l'Empereur de Russie;

Sa Majesté l'Empereur d'Autriche, Sa Majesté le Roi de Grèce, Sa Majesté le Roi de Portugal, Sa Majesté le Roi de Roumanie, Sa Majesté la Reine des Belges, Sa Majesté le Roi de Hollande, Sa Majesté le Roi de Danemark, Sa Majesté le Roi de Suède, Sa Majesté le Roi d'Italie, Sa Majesté la Reine d'Espagne, Sa Majesté le Shah de Perse; Sa Majesté le Sultan Abdul Aziz, Sa Majesté le

Bey de Tunis, Monseigneur le Duc d'Aumale, Monseigneur le Comte de Paris ; et toute la famille Rotschild, bien entendu ; car, on trouve toujours ce nom, quand il s'agit d'art ou de charité.

Un des plus précieux souvenirs, que j'ai conservés de ce séjour à Londres en 1879, est celui d'une après-midi, où Sa Majesté l'Impératrice Eugénie nous fit l'honneur de nous recevoir à Cambden-Place, Mme Febvre et moi.

La veuve de Napoléon III nous accueillit avec cette grâce, cette bienveillance, dont elle avait le secret, et je vois encore un portrait du Prince Impérial, qui occupait le panneau principal de la pièce où Sa Majesté nous donnait audience.

Paris fit naturellement les frais de l'entretien ; ensuite, on parla du Prince, de son voyage au pays des Zoulous.

« Sa dernière lettre, nous dit l'Impératrice, me donnait des détails très curieux sur son séjour lointain, et une autre lettre de son valet de chambre me rassurait, en me vantant, une fois de plus, les talents équestres de son jeune Maître, qui avait échappé à une mort certaine, quelques jours avant.

« Le Prince, me disait-il, avait si à propos enlevé
« son cheval, que la bête avait reçu les coups des-
« tinés au cavalier, qui s'était dérobé par cette

« habile manœuvre, aux flèches de ses enne-
« mis. »

« En terminant sa missive, le fidèle serviteur ajou-
« tait que le Prince était en bonne santé, et heu-
« reux d'agir!... et, qu'à part les inconvénients de ce
« pays, où le matin on trouve, quelquefois, de petits
« serpents enroulés dans les vêtements ou les
« chaussures de la veille, tout allait bien. »

« Je viens d'écrire à *Louis* (sic), ajouta Sa Majesté. Si ma lettre n'est pas encore partie, je vais y ajouter quelques mots pour dire au Prince que vous êtes ici ; il sera sensible à votre fidèle souvenir ; car, il vous aime beaucoup. »

La lettre étant encore là, Sa Majesté prit la peine d'y ajouter le *post-scriptum* en question.

Au cours de notre visite, l'Impératrice nous conta une bien amusante aventure :

« Ç'a toujours été pour moi une sensation agréable que celle de poser mes pieds sans chaussures sur un parquet, me communiquant une sensation de fraîcheur ; c'est une très vilaine habitude, dont je m'accuse, et dont j'ai été justement punie. »

« Un soir de réception aux Tuileries, où j'avais été assez heureuse pour laisser glisser un de mes souliers de satin, comme je venais de le repousser sous mon fauteuil, il arriva que, forcée de me lever tout à coup, en voyant l'Empereur se disposer à quitter le salon de réception, je me mis à chercher le fugitif... Mais, j'avais beau allonger sous ma longue traîne un pied investigateur... Rien ! je ne sentais rien... J'étais au supplice... Enfin... je le sens... Je l'attire à moi ; mais, en le mettant, j'éprouve une vive douleur... Il y avait quelque chose dedans.... un objet qui me gênait considérablement et me faisait boiter.

« Au même moment... je vois la grande-duchesse de X... (notre hôte, en ce moment) qui se baissait, cherchant quelque chose..... C'était un magnifique pendant d'oreille, une perle splendide... qui s'était détachée, et était venue malencontreusement prendre place dans mon petit soulier.

« Que faire ?... le garder plus longtemps était d'autant plus difficile que ma boiterie allait être remarquée... Le rendre... mais, c'était avouer une fâcheuse manie... Enfin, pour dire la vérité, ce ne fut que le lendemain matin que je fis reporter à la grande-duchesse le bijou qu'on avait retrouvé (lui dit-on) en mettant en ordre le salon que nous occupions la veille... La situation de Cendrillon était moins tendue que la mienne ! »

A la fin de cette entrevue, l'Impératrice nous demanda si nous savions ce qu'était devenue une petite figurine de bronze, qui ornait l'escalier descendant du cabinet de travail de l'Empereur au Jardin réservé.

« On m'a prédit, ajouta Sa Majesté, que tant que ce bronze demeurerait à la place qu'il occupait, je n'ai rien à craindre pour Louis. Je suis très superstitieuse... et je voudrais bien savoir si je dois redouter quelque malheur..... »

Il m'était impossible de rien répondre, hélas! sachant que la statuette avait disparu. Et, d'ailleurs à quoi bon alarmer cette malheureuse mère, à qui le destin ne devait épargner aucune douleur.

Pour faire suite à ce récit, il me faut aborder un sujet bien douloureux, celui de la mort du Prince Impérial. Par un hasard étrange, je fus le premier Français qui apprit l'horrible nouvelle.

Nous jouions, ce soir-là, après le théâtre, chez Lady W... J'avais fini tard au Gaiety-Theatre, où nous donnions *le Demi-Monde*; aussi, quand j'arrivai, la maîtresse de la maison vint rapidement au-devant de moi, me disant que Son Altesse Royale Monseigneur le Prince de Galles m'avait déjà demandé deux fois.

— Impossible de me hâter davantage, fis-je, en m'excusant; et, je me dis aussitôt à la recherche de Son Altesse, que je rencontrai derrière une longue suite de paravents, servant de passage aux artistes pour se rendre sur le théâtre improvisé.

Le prince tenait à la main un papier de couleur jaunâtre, que je vois encore.

« Voilà une triste et douloureuse nouvelle, cher monsieur Febvre : le Prince Impérial est mort ! »

Comme je répondais à Son Altesse que des bruits semblables avaient déjà circulé ; mais, qu'heureusement, ils avaient été démentis, par la suite.

« Hélas ! reprit le prince, cette fois la nouvelle est malheureusement certaine..... La dépêche est officielle... »

Si mon royal interlocuteur n'eût pas assisté à la représentation, j'avoue que je me serais retiré; mais, il fallut rester et faire bonne contenance... Jamais soirée ne me parut plus longue... Le lendemain, la nouvelle était confirmée par tous les journaux.

Comme semainier, j'écrivis à M. Perrin qui était à Paris, auprès de Mme Perrin, très souffrante, en ce moment, pour lui demander s'il jugeait convenable de jouer, le jour des obsèques du fils de l'Empereur Napoléon III.

L'administrateur, tout en comprenant et approuvant les motifs de haute convenance qui avaient guidé ma démarche, me priait, dans sa réponse, de ne pas faire relâche, même à la Matinée, pour éviter à la Comédie-Française de prendre une attitude politique, en cette circonstance.....

Une dame de nos amies, qui avait, pour la famille impériale, une sorte de culte, me pria de porter à Chislehurst un souvenir, que je devais déposer moi-même dans la chapelle de la petite église, où reposait déjà Napoléon III.

C'était un superbe plâtre représentant un aigle blessé... mourant !

Nous arrivâmes en landau, portant le précieux fardeau et des fleurs.....

Le matin de ce jour, il fallait se livrer à un véritable pugilat pour se procurer le plus petit bouquet; car, les boutiques de fleuristes du marché de Covent-Garden avaient été prises d'assaut.

Je me souviens d'avoir été reçu par M. Chevreau, fils de l'ancien préfet. J'étais tellement ému qu'il me fallut attendre quelques instants avant de pouvoir parler.

Comment ne pas se sentir remué, jusqu'au fond de l'âme, en pensant que ce doux et beau jeune homme qui, enfant, nous faisait sourire en le voyant heureux et fier, dans son bel uniforme de grenadiers de la garde — était tombé là-bas, sous ce ciel de feu, luttant bravement, mais, abandonné..... par un lâche..... succombant, accablé par le nombre..... et qu'il ne survivait plus, de tout ce passé, que la légende incroyable d'un Bonaparte mort au service de l'Angleterre ! !

Après avoir fait remettre à l'Impératrice le souvenir dont j'étais chargé, nous regagnâmes notre voiture, qui vint prendre place sur la route que devait suivre le funèbre cortège. Jamais je ne vis une foule plus nombreuse et plus recueillie.

« Pauvre jeune homme, disait un vieil Anglais placé à nos côtés. Je donnerais volontiers ce que j'ai pour que ce malheur ne soit pas arrivé !... Il semble, vraiment, que le sol anglais soit destiné à servir de tombeau à cette famille !... »

La nuit descendait lentement... Après une heure d'attente, les premiers cavaliers d'avant-garde parurent, précédant le funèbre cortège.....

Placée sur l'affût d'un canon, une toute petite bière, ornée de deux drapeaux, entrelaçant les couleurs de France et celles d'Angleterre... voilà tout ce qui restait de ce jeune homme, sur qui reposaient tant d'espérances ! !

Car, je me souviens, bien que ces souvenirs doivent demeurer étrangers à tout esprit de politique, je me souviens, dis-je, que lord Granville me disait un jour, en parlant du Prince Impérial :

« L'héritier de Napoléon III n'a rien à faire qu'à

attendre ; ce sont les événements qui viendront au-devant de lui !

Pauvre petit Prince ! qui eût été si heureux de verser son sang pour la France..... mais, qui lisant, chaque jour, les injures dont on abreuvait la mémoire de son père, et cédant à un besoin si naturel d'activité... assoiffé de dangers et de gloire, devait trouver la mort dans un lâche guet-apens !..

La saison terminée, nous rentrâmes à Paris.

27 *novembre* 1879.

Première représentation d'*Anne de Kervilles*, drame en un acte, de M. E. Legouvé, joué par MM. Worms, Barré, moi et Mlle Dudlay.

Quelle singulière chose que le théâtre !... Cette pièce qui, à la répétition, avait eu un énorme succès, ne rencontra, à la première, qu'un public gouailleur, qui prit au comique la situation dramatique, la plus originale, la plus neuve que je sache.

Deux gentilshommes bretons, tous deux chefs vendéens, enfermés dans Bressuire, dont Carrier fait le siège, sont liés d'une grande amitié.

Le plus jeune, par suite d'une fatalité expliquée par l'auteur, a été l'amant de la femme de son ami.

Coupable erreur d'un instant de folie, suivi des remords des deux jeunes gens.

Carrier refuse à ces deux soldats bretons la

suprême consolation d'un confesseur, au moment où ils vont être fusillés.

Alors, avec une grande simplicité, le mari outragé dit à son compagnon d'armes :

« Comme les premiers chrétiens, confessons-nous l'un à l'autre, mon ami ; vous n'avez rien pu faire que je ne puisse entendre, et dont je ne puisse vous donner l'absolution ! »

C'est là une situation magistrale ; mais, comme l'a dit un très grand écrivain, il eût fallu deux actes de préparation pour amener ce dénouement, dont l'intensité même exigeait de plus longs développements. Le tableau était trop grand pour le cadre...

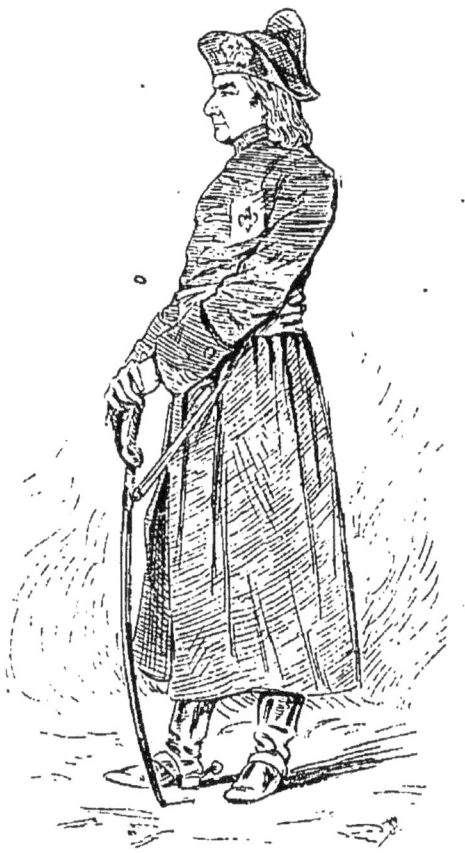

Lecomte dans *Anne de Kervilles*.

J'aimais beaucoup cette pièce ; et, comme j'ai toujours gardé à son auteur un sentiment de profonde reconnaissance (car, je lui dois beaucoup), l'ouvrage, en disparaissant de l'affiche, m'a laissé un profond regret.

1880

16 février.

Première de *Daniel Rochat*, 4 actes de Sardou, pour les débuts de M{}^{lle} Bartet, qui nous arrivait du Vaudeville, où elle avait été très remarquée et très remarquable, dans *l'Arlésienne* et *Dora*.

Cette frêle artiste devait donner, dans la suite, ce qu'elle promettait, en ce moment, c'est-à-dire une comédienne correcte, discrète, d'un goût parfait, d'une diction impeccable. Elle eut la bonne fortune, il est vrai, et je l'en félicite, de voir tomber devant elle deux obstacles sérieux, Sarah Bernhardt et Croizette.

C'était beaucoup; mais, si les événements servirent heureusement M{}^{lle} Bartet, il faut reconnaître aussi que, de son côté, elle fit en sorte de se *faire pardonner son bonheur*, par un travail incessant, persévérant...

Toujours prête... Que de fois l'ai-je vue, malade, faire son service, sans se plaindre, sans faire valoir ses efforts consciencieux...

Elle tient, à cette heure, une place légitimement conquise; et, si elle n'a pas de Sarah les grands mouvements, les éclairs fiévreux qui secouent une salle, s'il lui manque la violence de tempérament de Croizette, elle a, à force d'art et de travail, remplacé la force par l'expression, la diction et l'articulation.

C'est une fleur exquise qui a poussé à la place de deux chênes disparus.

La première de *Daniel Rochat* fut assez houleuse !

Je jouais un M. Fargis, représentant les idées conservatrices ; Thiron, lui, un libéral accentué.

De sorte que chacune de mes tirades, soulignée par les applaudissements de l'orchestre et des loges, était impitoyablement chutée par le parterre et les galeries supérieures, qui réservaient leurs bravos aux théories violentes de Thiron.

Quand, sur deux personnages en scène, il n'y en a jamais qu'un qui puisse réussir à se faire entendre, sans soulever des cris ou des protestations, c'est déjà difficile ; mais, quand il y en a trois à la fois... c'est augmenter les chances du tumulte.....

Ce qui arriva, dans l'acte joué par Delaunay, Thiron et moi.

Le dénouement, qui aurait pu sauver la situation, n'était malheureusement pas celui qu'attendait le public ; mais, j'en suis bien persuadé, si, à ce moment, Sardou eût fait une concession, en évitant la signature du divorce, ce qui était facile, le succès, sans contredit, eût été celui auquel est habitué, de longue date, l'auteur de *la Haine*.

17 avril.

Première de la reprise de *l'Aventurière*, d'E. Augier. Interprètes : Mmes Sarah Bernhardt, Barretta MM. Coquelin aîné, Boucher, Martel, Silvain et moi, qui abordais pour la première fois le rôle de Don Fabrice. Sarah, de son côté, s'essayait dans celui de Dona Clorinde... mais, insuffisamment préparée... ne rencontrant pas dès le début le succès auquel elle était habituée, elle se découragea tout de suite... prit peur... on ne sait pourquoi.

Le lendemain, en arrivant au théâtre, nous apprîmes qu'elle avait quitté Paris...

Huit jours après le départ de la belle transfuge, Croizette parut dans ce rôle de Dona Clorinde.

On lui fit fête.

La presse s'était montrée sévère pour Sarah, et la lettre d'Emile Augier, parue dans *le Figaro*, n'était pas faite pour clore pacifiquement l'incident.

Le comité fit un procès à sa fugitive associée, et obtint contre elle un jugement, qui la condamnait à cent mille francs de dommages et intérêts, et à la perte de ses fonds sociaux ; mais, comme Sarah n'avait pas fait vingt ans, la Comédie ne tenta pas une nouvelle procédure pour lui interdire de jouer à Paris.

Si, en lui laissant sa liberté d'action, le comité a

fait une faute, le public et les auteurs, en revanche, ont pu bénéficier de cette situation; la Comédie seule a supporté vaillamment cette perte...

Ainsi qu'au musée de Venise, dans la galerie des Doges, la place qu'occupait Sarah rue Richelieu est recouverte d'un large crêpe de deuil; comme celui dont est recouvert le portrait de Marino Faliero. Ce voile, si léger et si lourd, cependant, seule elle pourrait le soulever... et venir, de nouveau, reprendre une place, qui peut être occupée... sans être remplie... Serait-ce l'intérêt de la Comédie?... serait-ce celui de Sarah?... Je ne le crois pas; car, ce n'est pas en fouillant éternellement dans le passé (si glorieux qu'il soit) qu'on prépare l'avenir!

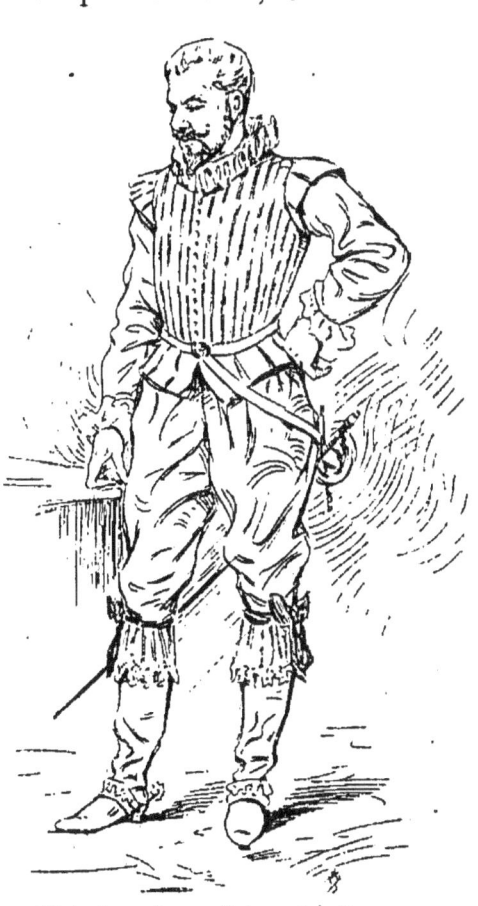

Fabrice dans *l'Aventurière*.

Coquelin était superbe en Annibal... Notre scène du deuxième acte, bien réglée... faisait grand effet;

et je garde précieusement la brochure de cet ouvrage, où se trouvent tracés ces mots, de la main du maître :

« A Febvre, à l'incarnation de Fabrice.

« E. Augier. »

Depuis la création, qui comptait comme interprètes :

MM. Samson, Regnier, Bouchez ; Mme Anaïs Aubert, on a pu applaudir, dans la suite :

Mme Plessy, qui fut une magistrale Clorinde ;

Mme Sarah Bernhardt ;

MM^{lles} Croizette, Tholer, Pierson, Dudlay, Jane Hading.

Dans le rôle de Fabrice, Geffroy, Bressant, MM. Mounet-Sully, Laroche, Febvre.

Dans celui d'Annibal : MM. Coquelin aîné, Coquelin cadet, Got, Leloir.

L'ouvrage subit nombre de modifications.

Un instant même, Augier avait songé à Mlle Reichemberg pour succéder à Mlle Croizette. Le texte lui-même se devait ressentir de cette interprétation nouvelle ; car, je retrouve ce béquet ajouté par l'auteur, lorsqu'il s'agit, pour Reichemberg, de jouer Clorinde.

FABRICE

Il ne va pas, j'espère, épouser un tendron ?

HORACE

La belle paraît vingt ou trente ans environ.

FABRICE

Comment, elle paraît vingt ou trente ?

HORACE

Sans doute
Vingt à qui la regarde, et trente à qui l'écoute.

Puis au quatrième acte, cet autre changement :

FABRICE

Pour nous c'est le courage, et pour vous la pudeur.
Ce que j'admire en vous, c'est que la Providence
Sous ce front d'ingénue, ait mis tant d'impudence.

Quand Got reprit, à son tour, le rôle d'Annibal, Augier remania, de nouveau, la scène du quatrième acte, entre Fabrice et le Sacripant, lui ajoutant ces vers pour sa sortie :

Malheur à qui me touche !
Spadassin ! il m'aurait tué comme une mouche.

Ce changement n'étant pas maintenu, quand je jouais avec Coquelin aîné, j'étais entre deux versions, variant selon mon partenaire.

Je ne sache pas, dans tout le répertoire moderne, de texte plus revu et corrigé par son auteur que celui de *l'Aventurière*.

Aux répétitions de cet ouvrage, je me souviens

d'un bien joli mot d'Augier, qui renferme un grand enseignement pour les artistes :

« Un comédien, me disait-il, retire à son rôle tout ce qu'il n'y ajoute pas! »

20 octobre 1880.

Deux centième anniversaire de la Comédie-Française.

Lettre adressée par M. Hugo à M. E. Perrin :

21 octobre 1880. *Paris.*

« Monsieur,

« Je ne pouvais résister à votre noble lettre, écrite au nom de tous les artistes, et où je croyais entendre la voix même de la Comédie-Française.

« Mes quatre-vingts ans ont été saluer vos deux cents ans. Je vous remercie de cette soirée magnifique et cordiale, où la hauteur des talents n'a pu être égalée que par la perfection de l'ensemble, et où j'ai senti la grande fraternité de l'art.

« Je serre votre main, je serre toutes les mains des hommes, et je me mets aux pieds de ces dames.

« VICTOR HUGO. »

M. E. Perrin avait créé l'abonnement du mardi. Cette heureuse inspiration ramena au Théâtre-

Français toute une société qui n'y venait plus que lorsqu'il y avait un grand succès.

La disparition du Théâtre-Italien, l'incendie de l'Opéra avaient si bien favorisé cette tentative, qu'il fallut ouvrir un nouvel abonnement, celui du jeudi. A partir de ce moment, la fortune de la Comédie-Française était assurée. Aujourd'hui encore, il faut faire un assez long stage, comme abonné du jeudi, pour être admis aux soirées du mardi.

1881

31 *janvier* 1881.

Première de *la Princesse de Bagdad*, 3 actes de Dumas.

Interprètes : Worms, Thiron, Garraud, Silvain. J'eus le plaisir de créer le comte Jean de Hun, aux côtés de Croizette, qui fut admirable dans le rôle de la comtesse Jean de Hun. Une petite fille, morte ces temps derniers, Mlle Aumont, jouait le jeune fils du comte et de la comtesse.

La répétition générale avait eu un grand succès ; mais, le soir de la première, il y eut des *tousseurs*... c'est-à-dire de bons amis qui attendent, après le développement d'une période, que l'artiste arrive au mot de valeur, pour couvrir ce mot par une formidable quinte de toux.

« C'est curieux, nous disait Dumas, ce qu'il y a de gens qui s'enrhument à mes premières! »

La pièce, interrompue, un instant, par l'indisposition d'un de ses interprètes, reprit l'affiche.

Il se fit, alors, un mouvement curieux autour de l'œuvre de Dumas.

Chaque soir, l'effet était considérable et la recette atteignait le maximum ; mais, la malchance voulut que Croizette fût assez souffrante pour nécessiter, de nouveau, le retrait de l'affiche d'un ouvrage qui avait été monté par M. Perrin, avec un soin méticuleux.

1882

9 mars 1882.

Convoi de Brindeau, qui, sociétaire de la Comédie-Française, fut le créateur de tout le répertoire d'Alfred de Musset.

Brindeau eut le bonheur et l'honneur d'être M. de Chavigny du *Caprice*, Clavaroche du *Chandelier*, Valentin d'*Il ne faut jurer de rien*, le Comte de *Il faut qu'une porte soit ouverte ou fermée*, le duc, de *Louison*, Octave des *Caprices de Marianne*.

Si l'on n'a pas rendu à Brindeau toute la justice, à laquelle lui donnait droit un talent qui lui valut d'être choisi par Musset, il me semble que la seule bonne fortune d'être le créateur, sur une scène comme celle de la Comédie-Française, de ce merveilleux écrin du *Poète des poètes*, est la preuve la plus éclatante de son incontestable autorité.

Et, puisque je parle de Musset, il me paraît indispensable de mettre fin à une ridicule et odieuse légende, d'après laquelle, au cours des répétitions du *Chandelier*, Brindeau se serait laissé emporter jusqu'à se livrer à des voies de fait incompatibles avec le respect et l'admiration que professait l'artiste pour l'auteur, à qui il devait tant.

Il y eut bien, en effet, un léger différend entre le poète et le comédien ; mais, après quelques mots assez vifs échangés le lendemain matin, Brindeau vit entrer chez lui Musset, qui lui dit simplement :

« Ma mère, qui est au courant de ce qui s'est passé hier, m'a donné tort, et je viens, de sa part, vous tendre la main ! »

Je tiens ces détails (*absolument authentiques*) de M. Guillard, alors archiviste de la Comédie-Française, et qui était le témoin constitué par Brindeau.

Puisse cette loyale et sincère rectification mettre fin à un racontar de foyer ; d'autant plus que le mot de Musset fait à la fois l'éloge de l'auteur et de son interprète.

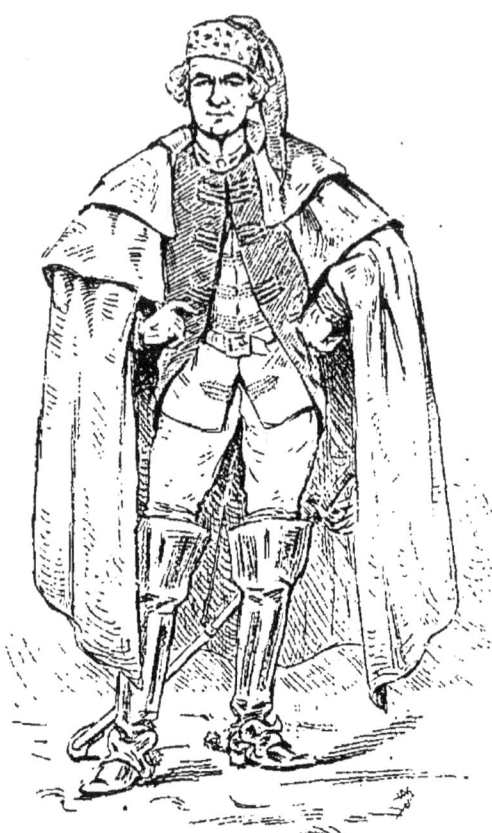

Clavaroche dans *le Chandelier*.

14 septembre.

Première des *Corbeaux*, 5 actes de M. Henri Becque.

Mmes Pauline Granger, Reichemberg, Barretta, Llyod, Martin, Amel; MM. Thiron, Barré, de Féraudy, Coquelin cadet, Martel, et moi, qui jouais le *notaire Bourdon* : tels étaient les interprètes de cette œuvre forte, mais, un peu noire, au gré des spectateurs.

M. Emile Perrin, qui avait monté la pièce avec soin, mais, sans enthousiasme, disait, un jour, à l'auteur, au cours des répétitions de son ouvrage :

« Ce n'est pas, Dieu, possible! Cette famille, à elle

seule, a plus de malheurs que tous les habitants réunis d'un même quartier. »

Quant à moi, j'avoue que, malgré l'odieux de mon personnage, j'aimais les Corbeaux. — C'est si amusant le danger !

J'avais composé ce rôle du notaire Bourdon, avec autant de plaisir que s'il se fût agi de la création la plus brillante, la plus sympathique.

Mais, hélas ! il est des courants qu'il est difficile

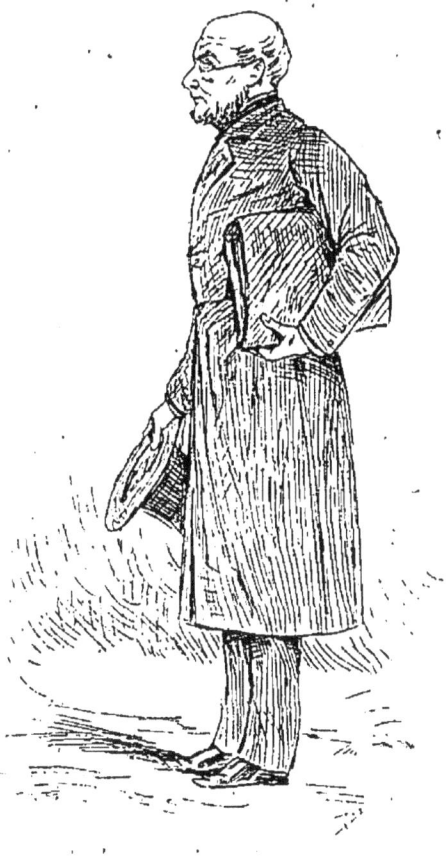

Bourdon
dans Les Corbeaux.

de remonter; et, si bon nageur que fut M. Becque, il ne put gagner l'autre rive... celle du succès, sans qu'il puisse accuser de son infortune la bonne volonté de ses interprètes... Ajoutez à cela que M. Becque, ayant toujours donné les preuves d'une grande indépendance de caractère, devait fatalement voir réunis, ce soir-là, tous ceux à qui il avait prodigué si courageusement la vérité, et vous comprendrez, alors, qu'avec un sujet pénible, malgré tout le talent déployé par lui, l'auteur devait rencontrer un auditoire peu disposé à l'indulgence.

Ses ennemis, d'ailleurs, ne souffrirent pas longtemps; car, le 22 novembre, nous donnâmes la première représentation du *Roi s'amuse*, de Victor Hugo.

La pièce était admirablement montée :

Mmes Bartet, et cette pauvre Samary ;

MM. Got, Maubant, Mounet-Sully. *Saltabadil* m'était échu.

Tous les rôles de second plan avaient été confiés à des artistes qui avaient accepté, avec dévouement, une tâche ingrate. Voilà pour l'interprétation. Cinq décorations nouvelles, de la musique de Léo Delibes — musique qui est restée au répertoire des concerts classiques : telles étaient les forces mises au service du Maître.

Je me souviens d'un mot, qui me fut dit par Ligier, créateur de Triboulet, alors que j'avais l'honneur de jouer avec lui, à l'Odéon, *les Grands Vassaux*, de Victor Séjour :

« Il est bien heureux pour moi que *le Roi s'amuse* ait été interdit par la censure... Je n'aurais jamais pu jouer ce rôle quatre fois de suite... Il faudrait pour cela des forces surhumaines ! »

M. E. Perrin se trompa, en confiant ce terrible rôle à un comédien de talent, mais, qui devait fatalement chercher à ramener aux proportions de la vérité un personnage plus grand que nature; il y aurait eu de quoi compromettre une réputation légitimement acquise, si trente ans de succès, qu'avait par devers lui cet artiste, ne l'eussent placé au-dessus d'une erreur de distribution.

Le rôle de Saltabadil est un des personnages de Hugo, qui ait le plus d'esprit. Le succès que j'eus le bonheur d'y obtenir, fut exactement le même que celui obtenu par le créateur, M. Beauvallet, bien que ma composition fût tout autre que la sienne.

Avec l'assentiment de M. Hugo,

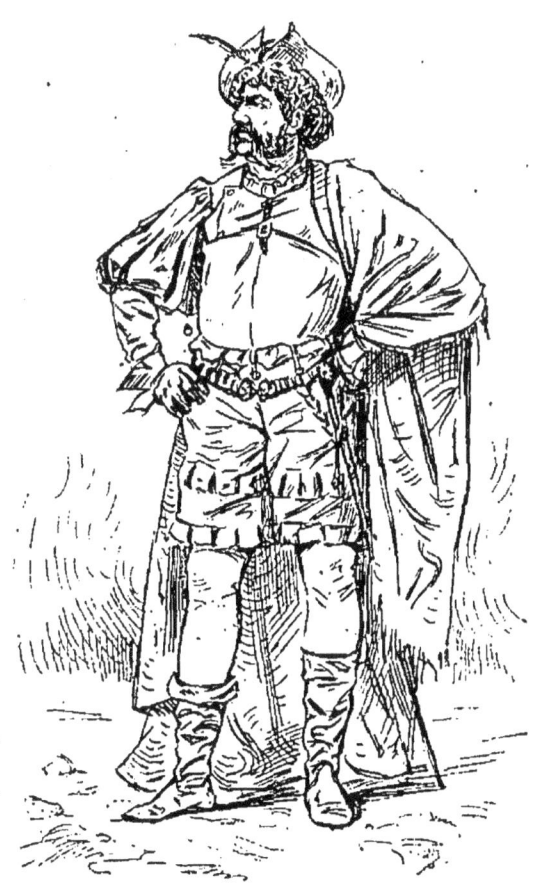

Saltabadil dans *Le Roi s'amuse*.

au lieu d'un sinistre bandit, j'en avais fait un *aimable négociant en crimes*.

En me félicitant de mes loques pittoresques,

M. E. Perrin me dit, au moment d'entrer en scène :

« En vous regardant, j'ai des envies folles de me gratter ; ce n'est pas un costume, c'est une démangeaison. »

Après la répétition générale, le grand poète eut un mot bien amusant.

Comme M. Perrin lui présentait Léo Delibes, en lui disant :

— « Mon cher maître, M. Delibes, l'auteur de la musique de scène que vous venez d'entendre » ; et, pendant que le compositeur, trop tôt disparu, ajoutait en s'inclinant :

— Je serais bien heureux, cher et illustre maître, de savoir si cette musique vous a plu ; le cher maître répondit, avec un doux sourire :

« Elle ne me gêne pas ! »

A propos du *Roi s'amuse*, je trouve, dans un numéro de journal, à la date d'avril 1845 :

« Le roi a nommé Victor Hugo pair de France.....
Le Roi s'amuse !

Malgré tout, la pièce se maintint assez longtemps sur l'affiche.

A la cinquantième représentation, on offrit à Hugo, à l'Hôtel Continental, un grand banquet pour fêter l'anniversaire de la première (1832). Il y eut des discours.

Le maître prononça quelques mots qui firent sensation! Je n'avais jamais eu l'honneur de m'asseoir à la même table que le grand Poète, et j'avoue que je suis resté émerveillé de la puissance de ses facultés digestives.

Il eût pu me répondre, une fois encore, que les dieux eux-mêmes n'étaient pas à l'abri de ces misères!

. . . .

La Comédie-Française eut sa place aux funérailles du poète national, et nous pûmes suivre le modeste corbillard des pauvres, de l'Arc de Triomphe au Panthéon!

1883

7 mars 1883.

Première de la reprise des *Effrontés*, d'E. Augier. MM. Got, Delaunay, Barré, Leloir, Laroche. Mmes Tholer, Reichemberg, E. Riquier.

Je jouais *Vernouillet*, créé par Régnier.

La belle comédie d'Augier eut un énorme succès et répara un peu les pertes de l'année précédente.

Il arriva, au cours des répétitions de cet ouvrage, un incident qui n'était, hélas! que le prologue d'un grand malheur. Je veux parler de la mort de l'auteur de *la Ciguë* (1889). Augier venait de se lever pour indiquer à l'un de nous un jeu de scène ; tout à coup, il chancela, et vint tomber dans mes bras. Je le transportai dans mon cabinet de semainier.

Une fois étendu, la tête exposée à l'air, les pieds recouverts d'une chaude enveloppe, il me dit :

« Ce n'est rien !... ce sont des vertiges, laissez-moi là quelques instants ; tout à l'heure vous me reconduirez chez moi ! »

Pendant le trajet de la rue Richelieu à son domicile, il m'avoua être sujet à ces malaises, qui n'étaient autres que des vertiges de l'estomac, lui donnant la sensation du vide.

Il avait tellement fumé, dans sa jeunesse, qu'il était complètement intoxiqué.

J'appris par lui ce détail curieux, qu'alors qu'il écrivait *le Gendre de M. Poirier*, il chargeait, d'avance une douzaine de pipes. A la dernière, lorsque sa langue était à vif — pour pouvoir recommencer, il la *graissait*, grâce à un petit pot de beurre placé sur sa table de travail.

Les Japonais, dont les supplices sont aussi nombreux que variés, n'ont pas encore songé à ce nouveau moyen de torture.

Pauvre Augier ! si doux, si bienveillant, si simple... il consentait, disait-il naïvement à son médecin, à faire des sacrifices, c'est-à-dire à ne plus fumer d'une manière aussi excessive.

« Inutile, lui avait répondu le célèbre praticien, pour l'effrayer et le forcer à n'être plus le propre bourreau de son corps, dans un an, vous serez mort, ne vous gênez donc pas ! A quoi bon vous priver?... Fumez tant qu'il vous plaira ! »

Un peu surpris de ce funèbre pronostic, il brisa ses pipes. Mais alors, me disait-il, commença pour lui un supplice intolérable : l'habitude était si forte, qu'après ses repas, il tournait pendant une heure, cherchant vaguement ce qui lui manquait.

Dans la rue, il lui arrivait de suivre un promeneur fumant un bon cigare, comme on suit une jolie femme. Trop tard, hélas ! le mal était fait, et la sage résolution qu'il avait prise de renoncer au tabac ne put lui épargner une mort accompagnée d'horribles souffrances.

Il a laissé le souvenir impérissable d'un galant homme, doublé d'un poète, d'un homme de bon sens, dont le répertoire restera éternellement une des forces vives de la Comédie-Française.

Augier me fait songer à un autre glorieux disparu. Je veux parler de Labiche, son ami.

On m'a raconté sur lui une bien spirituelle répartie.

Il était à son lit de mort ; son fils, qui lui-même venait d'être cruellement éprouvé par la perte de sa femme, était près de lui. Dans un mouvement de douleur irréfléchie :

« Puisque tu vas la revoir, dit-il à son père, en lui parlant de sa femme, dis-lui que je l'aime toujours. »

Alors, Labiche, entr'ouvrant un œil, répondit :

— « Dis donc, si tu faisais ta commission toi-même ! »

C'est encore Labiche, qui faisant visite à son fils, nouvellement marié, et frappé de la largeur du lit des nouveaux époux, lui disait en souriant :

— « Est-ce que vous comptez recevoir ? »

1884

24 janvier 1884.

Première de *Smilis*, 4 actes de M. Jean Aicard, joués par Mlle Reichemberg, MM. Got, Worms, Laroche et moi, à qui était échue la glorieuse et lourde tâche de jouer l'amiral.

De l'avis d'un célèbre écrivain, il eût été préférable que M. Aicard, plus soucieux de ses intérêts, fît une inversion, c'est-à-dire qu'il écrivît *Smilis* en vers, et plus tard, le *Père Lebonnard* en prose.

Le lyrisme excessif de l'amiral eût fourni au poète l'occasion de ces merveilleux vers, qui ont

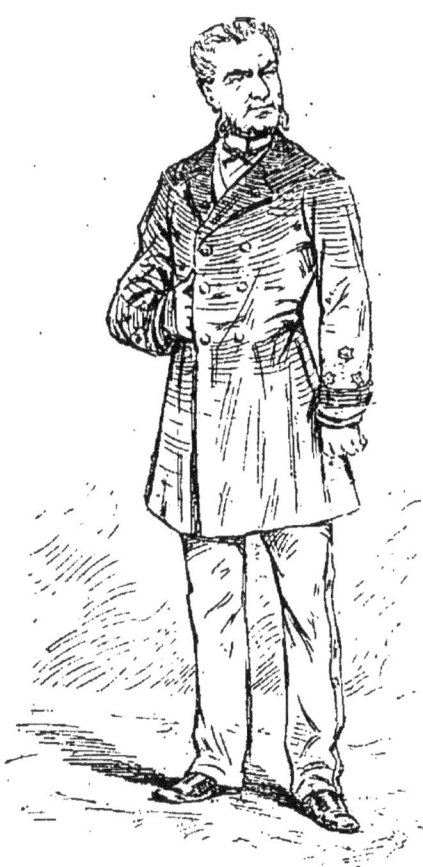

L'amiral dans *Smilis*.

assuré, à si juste titre, le succès de ses derniers ouvrages.

D'un autre côté, les malheurs conjugaux d'un petit horloger de province eussent été plus librement et plus justement exprimés dans une solide prose, que dans la langue des Dieux. Un autre reproche, adressé à l'auteur, a été celui d'avoir fait se suicider un amiral de France, un gentilhomme, un Breton, c'est-à-dire un double croyant.

Ce qui est certain, c'est que, dans cette pièce que j'aimais, ce personnage avec lequel j'ai vécu, m'a trompé comme la plus infidèle maîtresse... je lui en veux encore de son lâche abandon. Mais, sans pouvoir m'en défendre, malgré tous ses torts, je lui ai conservé, dans un coin de mon cœur, le souvenir que l'on garde aux amours des plus jeunes années. Henri Maréchal avait écrit deux morceaux exquis, que soupirait, avec beaucoup de charme, Mlle Reichemberg (*Smilis*).

1ᵉʳ *octobre.*

DEUXIÈME CENTENAIRE DE CORNEILLE

Invitée à cette touchante cérémonie par M. le curé de Saint-Roch, la Comédie-Française tout entière, touchée de la courageuse initiative du vénérable pasteur, assista à cette solennité.

Un sermon remarquable fut prononcé ; pour la première fois, on put entendre, sous les voûtes de la vieille église, parler de Corneille et de son *Théâtre...*

Je retrouve, dans des notes biographiques, que le convoi de l'auteur du *Cid* avait coûté à sa famille cinquante et quelques sols parisis.

Le convoi du plus obscur vaudevilliste de notre temps revient plus cher à la caisse de la société des auteurs.

Il faut reconnaître que, pour les artistes de la Comédie-Française, il y a loin du sermon du curé de Saint-Roch au souvenir du convoi de Crébillon.

« Après sa mort, les comédiens français cherchèrent une église en dehors de la juridiction de l'archevêché de Paris pour enterrer leur auteur ; ils ne purent (disent les notes de l'époque) trouver que Saint-Jean de Latran, placé sous le protectorat de Malte. »

On fit à Crébillon des obsèques splendides. Cela fit quelque tapage, et le curé de Saint-Jean de Latran fut condamné à payer, comme amende, le même chiffre qu'il avait touché des comédiens, plus à un séjour de trois mois au séminaire !

21 octobre.

Première de la reprise des *Pattes de mouche*, 3 actes de V. Sardou.

La pièce, montée avec soin et mise admirablement en scène par l'auteur lui-même, était jouée par MM. Coquelin aîné, Coquelin cadet, Garraud, Samary. Le rôle du bon Hollandais Van Hove m'avait été distribué ;

M*mes* Pauline Granger, Broisat, Pierson, telles étaient les interprètes de cet intéressant ouvrage, qui fit de très belles recettes.

1885

Pendant la maladie de M. Perrin, nous montâmes *Antoinette Rigaud*, 3 actes de mon cher et regretté ami Raymond Deslandes.

Première représentation, le 7 *septembre* 1885.

Interprètes : Worms, Laroche, Baillet, Roger ;

Mmes Baretta, Reichemberg, Marie Durand, qui devait devenir plus tard Mme Laguerre.

La pièce, assez intéressante, avait surtout un troisième acte très solidement charpenté, avec une belle scène, jouée par mon excellent camarade Vorms et moi, qui représentais un général.

Le lendemain de la première, j'allai, le matin même, rendre visite à M. Perrin, qui était déjà très mal, à ce moment.

« J'ai su votre succès d'hier soir, me dit-il d'une voix faible ; vous êtes, à ce qu'il paraît, un général très chic. Si vous étiez bien aimable, vous viendriez me voir avec votre costume. »

Je le lui promis bien volontiers ; mais la mort, ne me donna pas le temps de tenir ma promesse.

Le matin même, où il rendit le dernier soupir, j'avais eu le plaisir de le voir et de m'entretenir avec lui du seul sujet qui l'intéressât, sa chère Comédie-Française !

— Il m'avait demandé quelle avait été la recette de la veille !!... C'est une belle maison qu'il faut aimer et servir, dit-il. Adieu, mon cher Febvre...

— Non pas adieu, monsieur Perrin, à demain !

— Adieu, murmura-t-il ; puis, d'une voix très faible :

— Qui est semainier ? fit-il d'un ton singulier.

— C'est moi, mon cher administrateur.

— Ah!... et, après un regard... Adieu, répéta-t-il, une dernière fois.

Lorsque j'étais semainier, et que m'incombait la triste mission de représenter l'administrateur ou la Comédie, à quelque funèbre cérémonie :

« Je suis tranquille avec vous, me disait M. Perrin, vous êtes très correct en ces matières, et vous avez raison : il faut bien enterrer nos morts. Tout ce qui touche au théâtre n'a pas une très grande réputation d'orthodoxie... et, puisqu'un certain monde persiste à croire que nous vivons mal, prouvons-lui, du moins, que nous savons bien mourir. »

En me souvenant de ces paroles, et en les rapprochant de sa question :

« Qui est semainier ?... » et du « Ah ! » qui suivit ma réponse, je me suis toujours imaginé, qu'à ce moment, M. Perrin pensait à son propre convoi.

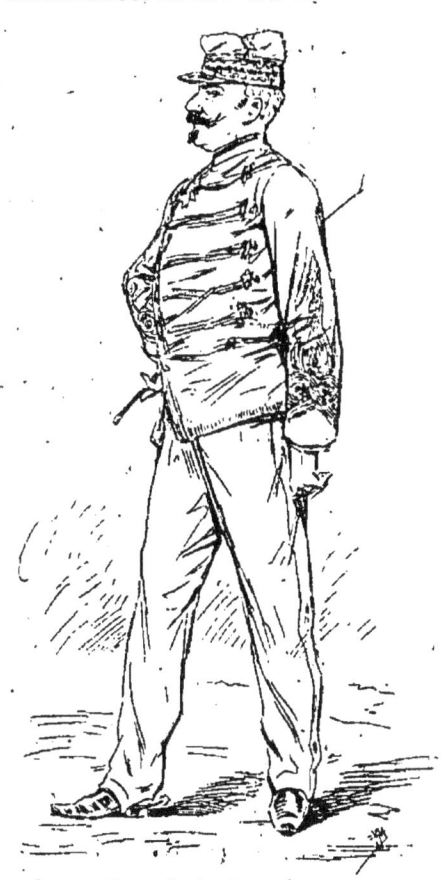

Le général dans *Antoinette Rigaud*.

Les enterrements de gens de théâtre m'ont toujours fait l'effet de représentations gratuites, où la foule, dédaigneuse du mort, réserve son attentive et indiscrète curiosité aux vivants.

Les obsèques de M. Emile Perrin, administrateur général de la Comédie-Française, membre de l'Institut, commandeur de la Légion d'honneur, furent, comme il le pensait, ce qu'elles devaient être, c'est-à-dire dignes de lui, et de la maison qu'il avait si brillamment administrée.

En me voyant, pendant le service funèbre, aller et venir, dérangé à tout instant par les maîtres de cérémonie, Madeleine Brohan, m'a-t-on raconté, eut un bien joli mot :

« Febvre doit être content de son mort, » dit-elle à une de ses camarades.

Le règne de M. Perrin, tout en dotant la Comédie-Française d'une longue suite de succès et de prospérités, devait créer une situation, qui rendrait difficile à son successeur la direction de cette belle et noble maison.

On peut, sans manquer à ce qu'on doit à sa mémoire, reconnaître qu'il a fait du théâtre *au jour le jour*. L'avenir étant une de ses moindres préoccupations.

Les auteurs eux-mêmes, sans s'en rendre compte, l'ont poussé dans cette voie; car, chaque fois que

l'un d'eux apportait un nouvel ouvrage, et que
M. Perrin lui demandait quelle était la distribution de son choix, l'auteur ne manquait jamais de répondre :

« — Combien faites-vous avec celle de la pièce en cours de représentations ?

« — Sept mille.

« — Donnez-moi les mêmes artistes. »

Et c'est ainsi que, pendant près de quinze années, on vit affichés : Got, Delaunay, Bressant, Coquelin aîné, Worms, Barré, Thiron et Febvre; Mmes Favart, Croizette, Reichemberg, Baretta, etc...

Avec un tel état de choses, il arriva fatalement ceci, c'est qu'à mesure que l'âge ou la retraite créaient des vides dans nos rangs, le public voyait succéder à un nom connu, celui d'un jeune comédien, qu'on avait insuffisamment pris le soin de lui présenter.

« Les talents s'en vont plus vite qu'ils ne viennent, » a dit un célèbre critique.

Le budget, toujours croissant, doit son élévation actuelle à l'entretien d'une troupe considérable d'artistes, dont l'utilité n'est que bien imparfaitement démontrée.

Pour bien faire, il faudrait avoir la raison, et surtout le courage, de se priver des services de ceux dont les débuts n'ont pas été couronnés de succès.

Il y a des artistes que, seul, le caissier peut reconnaître... et encore !...

Dans le temps, un artiste n'était engagé qu'après avoir fait ses débuts : maintenant, c'est le contraire : l'artiste est engagé, d'abord, et débute ensuite (quand il peut débuter !) et, comme il est plus difficile de sortir de la Comédie-Française que d'y entrer, chaque engagement est une charge nouvelle, grevant le budget, non seulement pour le présent, mais, pour l'avenir ; car, il faudra lui servir une pension de retraite, à ce nouveau venu !

Et comment la lui refuser... après que vous l'avez gardé dix ou quinze ans, sans même l'employer ? Dans ce cas, il vous dira, avec un semblant de raison :

« Il fallait me congédier après mes débuts ; mais, maintenant que je vous ai *donné* mes plus belles années ; que j'ai concouru à l'accroissement de la fortune de la société, etc., etc.... Suivent les clichés connus du Comité. »

Dans le décret de Moscou, il est dit : qu'on ne sera engagé qu'après débuts ; les artistes dans cette situation sont même désignés sous le nom de *comédiens à l'essai.*

Ce décret dit encore : que le comité veillera à ce que les acteurs à l'essai soient mis à portée d'exercer leurs talents et de faire juger leurs progrès par le *public;* qu'aucun acteur en chef ne pourra se réserver un ou plusieurs rôles de son emploi ; que le comité doit prendre des mesures pour que les doubles soient entendus par le public dans les principaux rôles de leur emploi respectif, *trois ou quatre fois par mois.*

Mais, M. Perrin, qui ne voulait reconnaître aucun droit aux sociétaires, en cette matière, et qui avait horreur d'apporter un changement dans l'affiche, quand il s'agissait de la distribution des rôles, en était arrivé à ce que Thiron (qui n'était doublé dans aucun des personnages de son répertoire) étant malade, on dut supprimer de l'affiche toutes les pièces où paraissait ce spirituel comédien.

Il fallut même que, le 15 janvier, anniversaire de Molière, Barré jouât *le Malade imaginaire,* au pied levé, avec deux raccords.

Même situation pour le répertoire de Delaunay qui, s'il se fût retiré, à ce moment, ou même s'il eût été souffrant, eut fait un vide effroyable.

On mettait de longs mois à monter un ouvrage nouveau, M. Perrin cherchant la perfection ; si, par malheur, il tombait sur un insuccès, il restait longtemps avant de prendre une détermination et de parer aux besoins présents ; il était tellement habitué au succès, que, dans le naufrage, anéanti, il regardait couler le navire, sans mettre une chaloupe à la mer.

Je parlais de lenteur, dans la façon de répéter. J'appuie ce dire d'un formidable exemple.

Une reprise du *Mariage de Figaro* entraîna soixante-dix répétitions; les livres sont là!...

Si, après avoir loué sans réserves les hautes capacités, le travail incessant de M. Perrin, j'ai énuméré, ci-dessus, les quelques réserves qu'on peut opposer à sa façon d'administrer, c'est moins pour le plaisir de critiquer le passé que pour établir dans quelles conditions un nouvel administrateur allait trouver le présent, avec ses lourdes charges, ses difficultés extérieures et intérieures, la pénurie d'auteurs et de comédiens, et, surtout, la nécessité de chercher une forme nouvelle en littérature... Conspué Scribe!... La reprise seule d'*Une Chaîne* semblait constituer un danger. Le ministre, en attendant un choix définitif, nomma administrateur provisoire M. Kaempfen, qui entra en fonctions le 8 octobre 1885.

Il y gouverna modestement jusqu'au 20 octobre; et, je ne sais pourquoi, mais, j'ai comme une vague idée que ces douze jours suffirent amplement à l'ambition de ce galant homme!...

Du décret de Moscou à l'année 1833, la Comédie-Française fut dirigée par un commissaire du gouvernement représentant l'autorité, avec deux semainiers chargés des détails de service intérieur, du choix du répertoire, de l'exécution des décisions du comité.

1833. M. Jouslin de la Salle, directeur.

1837. M. Videl lui succède.

1840 à 1847. Retour au décret de Moscou et à la forme administrative qui fonctionnait en 1833, avec M. Buloz comme commissaire du gouvernement.

En 1848, M. Lockroy, le créateur du rôle du *Chevalier d'Aubigny*, de *Mademoiselle de Belle-Isle*, père de M. Lockroy, qui fut ministre de l'instruction publique, administra, avec le titre de régisseur général de la société.

1849 (novembre). M. Arsène Houssaye prend la direction.

1er février 1856. Il est remplacé par M. Empis, qui conserve sa situation jusqu'à l'arrivée de M. E. Thierry.

1er février 1856. Ce dernier se retire, le 9 juillet 1871, faisant place à M. E. Perrin.

8 octobre 1885. Mort de M. Perrin.

M. Kaempfen fait l'intérim jusqu'au 20 octobre, où M. J. Clarétie est nommé administrateur général.

20 octobre.

M. Claretie succède officiellement à M. Emile Perrin.

Le budget qui, en 1872, était de 1.150.000 francs, était arrivé au chiffre de 1.500.000 francs.

Dans les dernières années de l'administration de M. Perrin, faisant partie, avec Got, de la commission des comptes, je me souviens que, plus d'une fois, alors que nous suppliions l'administrateur d'introduire de sages modifications dans les dépenses, faisant observer à nos collègues que, s'il survenait une épidémie, une guerre... une catastrophe imprévue, ce serait la ruine... après nous avoir laissé développer toutes les conclusions de notre rapport... Messieurs, répondait-il au comité, un peu décontenancé par nos prévoyantes alarmes : Messieurs, le partage, cette année, sera de 30.000 francs, pour chaque sociétaire à la part entière... Alors, adieu sages avis... M. Perrin avait trouvé un *sans dot* sans réplique.

J'ai dit, plus haut, dans quelles conditions M. Claretie, qui n'avait jamais administré aucune scène, succédait à M. E. Perrin, l'heureux directeur de l'Opéra-Comique et de l'Opéra, rue Le Peletier.

Le nouvel administrateur apportait, avec sa haute compétence en matière de critique théâtrale, la réputation d'un parfait honnête homme, d'un homme de lettres plein de courtoisie ; et, si ses amis avaient à redouter quelque chose pour lui, c'était sa trop grande bienveillance.

Le public ne peut s'imaginer ce qu'est délicate, difficile, la situation de l'administrateur général de la Comédie-Française. Il lui faut réussir, toujours... quand même !... et cette belle maison, c'est triste à dire, compte tant d'ennemis, que tout l'art diplomatique de M. de Talleyrand ne serait pas de trop pour mener à bon port cet esquif, battu par tant de flots et de vents contraires.

Il lui faut, d'abord, compter avec certains auteurs qui trouvent désobligeant, pour ne pas dire plus, de lire leur ouvrage à un comité composé de comédiens ;..... avec ceux qu'on refuse, ceux qu'on n'y joue pas assez, ceux qu'on n'y joue pas du tout, et, un comble ! quelquefois même, avec ceux qu'on joue trop !

Ajoutez à cela les malveillants de parti pris, une certaine presse hostile à celui-ci, pour être favorable à celui-là, d'autres encore, qui réclament à grands cris un changement de direction, et, pour arriver à leurs fins, harcèlent, chaque jour, le malheureux administrateur en titre, en critiquant, avec autant de violence que d'injustice, les moindres actes émanant de son autorité... Quand vous aurez joint à ce touchant ensemble les amis maladroits, les soldats infidèles, qui trahissent leur drapeau en passant à l'ennemi, vous aurez un total, qui vous donnera, sauf quelques exceptions, ce que peut être la composition d'une salle de la Comédie-Française, un soir de première !

Et cependant, malgré tout cela, plus forte que l'envie, au-dessus de la calomnie, dédaigneuse de ses détracteurs, elle est toujours debout, vaillante, après bien des pertes cruelles; discutée par ceux-ci, défendue par ceux-là, *et partout supérieure aux événements*, comme dit Figaro, elle conservera longtemps encore la faveur du public, et, à la première occasion, elle offrira son concours généreux, s'il est nécessaire, à l'un de ceux qui l'auront le plus vivement attaquée.

En matière de charité, la Comédie-Française a prouvé, depuis longtemps, qu'elle n'a pas plus d'opinion politique que de rancune pour ses adversaires déclarés.

Quand le public va dans certains théâtres, il a coutume de dire : « Je vais entendre Dupuis, ou Mme Chaumont, » et, quand il doit se rendre rue de Richelieu, il dit simplement : « Je vais, ce soir, à la Comédie-Française. » Il y a là une nuance tout à fait à l'avantage de ce théâtre... Pas besoin d'étoiles, de mouton à cinq pattes !...

Un répertoire de chefs-d'œuvre, une troupe d'ensemble : voilà sa force, sa supériorité incontestable.

Et puis, il faut bien le reconnaître, il existe dans cette maison une chose qui m'a souvent frappé.

Les relations des comédiens entre eux peuvent être tendues, à certains moments, et il est bien difficile qu'il en soit autrement dans une profession où la compétition est incessante ; dans un art, où la personne même est en jeu ; mais, quand il s'agit de l'interprétation, on reste surpris de voir ces mêmes comédiens de valeur se donner entre eux et recevoir des conseils, comme de jeunes débutants ; et, l'on peut hardiment affirmer que, si les sociétaires sont divisés, parfois, sur certaines questions, ils sont unanimes et solidaires, quand il s'agit du drapeau de la maison.

Dans ces derniers temps, on leur a reproché de vivre un peu en dehors du mouvement naturaliste ; mais, est-ce bien leur faute ?

Leur éducation première, le répertoire classique, dont ils ont le lourd dépôt, tout cela n'est-il pas déjà un obstacle à ces manifestations d'un art nouveau, qui, lui-même, cherche une forme nouvelle ; et, d'ailleurs, il suffit d'entendre les derniers ou vrages créés sur la scène de la rue de Richelieu, pour être convaincu qu'ils ont le souci de ne pas rester en arrière, sans cependant s'aventurer, d'une façon téméraire, dans une voie, [où le public les suivrait avec peine, et même avec déplaisir.

A mon avis, une des causes de la crise que traverse en ce moment le théâtre, et qui est d'une extrême importance, est le trop grand nombre de professeurs de déclamation, à Paris.

Cet abus n'existe pas à l'étranger.

On peut être un mauvais comédien, dit-on souvent, et, cependant, donner d'excellentes leçons.

Je ne suis pas parfaitement convaincu de la vérité de cette singulière maxime; et, ce qui me donne à penser que je pourrais bien ne pas avoir tort, c'est que je connais des comédiens, qui, dans ce cas, n'ont aucune excuse de ne pas produire de meilleurs élèves.

Tel professeur, qu'il me serait pénible de nommer ici, croit leur apprendre, *dans le jour*, comment il faut jouer, et, pour donner, sans doute, plus de force à sa démonstration, comment il ne le faut pas, en exerçant, *le soir*, devant eux.

Le Conservatoire que, en 1763, on nommait un *magasin à élèves*, et dont Mlle Clairon fut l'ingénieuse inspiratrice, le Conservatoire, dis-je, a subi, dans ces derniers temps, quelques modifications dans son règlement.

En parcourant la liste des premiers professeurs, on peut se rendre compte de l'importance qu'on attachait, alors, au choix des maîtres : Sarnette, Directeur, Dugazon, Monvel, le père de Mlle Mars, le créateur de l'abbé de l'Epée, Fleury, Dazincourt, Talma, Lafon !

Quels élèves n'était-on pas en droit d'attendre d'un tel ensemble d'enseignement !

Je sais bien que, de leur temps, on ne prenait pas le théâtre comme un rhume, et qu'en se destinant à cet art, dont le dernier mot n'est jamais dit, on obéissait, alors, à une vocation, au lieu d'exercer, comme maintenant, une profession.

Pendant le cours des séances de la commission chargée de reviser les règlements du Conservatoire, je fis part à mes honorables collègues des quelques réflexions qui m'étaient venues, à propos de l'enseignement.

Pourquoi n'existerait-il pas une sorte de conseil de revision, chargé d'écarter ceux des élèves pour lesquels la nature se serait montrée trop inclémente.

N'y a-t-il pas, vraiment, conscience de laisser s'engager dans la carrière des jeunes gens que leur physique empêchera toujours de parvenir, les exposant, même, à de cruels déboires, à de dures et pénibles appréciations !

Il serait toujours loisible à ce jury, à ce conseil de revision, d'établir des exceptions en faveur de ceux qui feraient oublier le peu de charme de leur aspect extérieur, par une intelligence hors ligne !

Il n'est pas nécessaire, bien entendu, d'être un bellâtre. La beauté d'un homme, au théâtre, à défaut de mieux, peut consister dans une taille moyenne, des manières élégantes, sans raideur, une voix agréable, en un mot, dans un ensemble correct et sympathique.

Ce conseil répondrait, alors, au monsieur disgracié de la nature : « Non, monsieur, nous ne nous associerons pas à ce que vous croyez être une vocation, et qui n'est qu'une dangereuse résolution ; nous ne voulons pas endosser la dure responsabilité de jeter un malheureux de plus dans le monde théâtral... Jouez où il vous plaira ! mais, quant à nous, nous vous refusons l'entrée du Conservatoire... »

Et d'un autre côté pourquoi n'y aurait-il pas un degré de *situation, de talent*, donnant droit à une sorte de diplôme, qui seul permettrait d'enseigner aux autres ce que l'on sait, ou que l'on croit savoir.

Quand on voit que M. X..., Mlle Z..., qui peuvent à peine dire quelques mots en scène, et auxquels les *auteurs vivants* se gardent bien de confier un rôle, si mince qu'il soit, ont un cours de *déclamation ou de diction*, on reste stupéfait.

Je résume donc ces quelques observations.

Je ne crois pas avoir trouvé un remède définitif au mal que je signale : je n'ai pas cette prétention ; mais, j'ai essayé, du moins, d'indiquer un moyen pratique de le combattre.

D'autres viendront après moi, prendront de mon idée ce qu'elle peut avoir de bon, en y apportant les améliorations nécessaires : c'est ainsi que se fait le progrès ; mais, j'insiste, comme j'ai insisté, particulièrement à la commission du Conservatoire : 1° sur le déplorable résultat que peut donner un professorat médiocre, se rapprochant plus d'une sorte de détournement moral de mineur que de l'enseignement ; 2° sur la nécessité, pour ces professeurs, d'un examen à passer devant une commission, nommée par le ministre ou le directeur des beaux-arts, qui, par un diplôme, conférerait seul le droit d'enseignement en dehors du Conservatoire.

Les élèves apprendraient, par la voie du *Journal Officiel*, les noms des professeurs agréés par l'autorité supérieure, et s'adresseraient à ceux-ci de préférence.

Dans cette vaste usine de l'enseignement, prodigué par les premiers et même les derniers venus, en dehors des classes de la rue Poissonnière, je vois bien ce que cette coupable industrie peut rapporter au professeur, sans découvrir en quoi elle peut être utile à l'élève.

1886

Si j'ai bonne mémoire, le premier ouvrage, monté par M. J. Claretie, fut *Chamillac*, 5 actes d'Octave Feuillet, dont la première fut donnée, le 9 avril 1886. Je ne parle pas d'un petit acte de M. Renan : *1807*, sorte d'à-propos en un acte, en vers, où je représentais Diderot, joué le 26 février de la même année.

Chamillac avait une belle distribution : Mmes Bartet, Thôler, Samary, Durand, Pierson, Martin, MM. Coquelin aîné, Coquelin cadet, Laroche, H. Samary, Febvre, voilà pour les principaux personnages.

C'était encore un rôle de vieux général qui

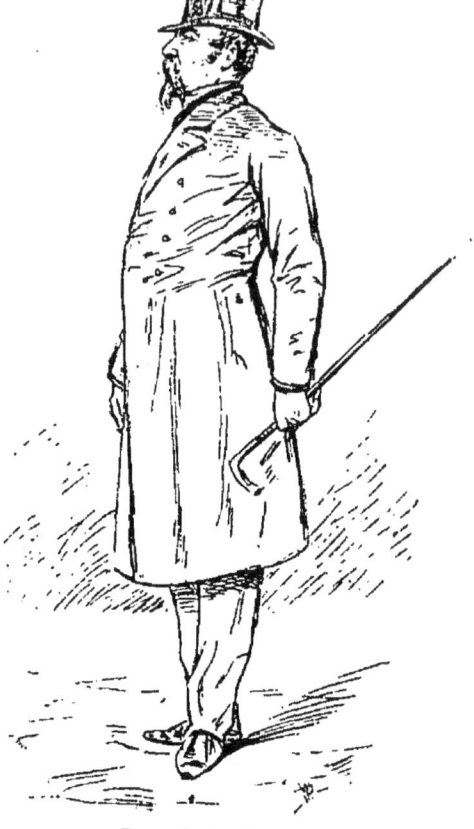

Le général dans *Chamillac*.

m'était échu. Venant de jouer celui d'*Antoinette Rigaud*, j'étais un peu embarrassé : l'aspect des vieux généraux offrant peu de variété.

J'eus le bonheur de me tirer heureusement de cette difficile épreuve.

La pièce fit plaisir, et tint l'affiche quelque temps. Le départ de Coquelin fit passer le rôle de Chamillac aux mains de Worms.

24 mai.

J'avais lu un article de Johnson, correspondant du journal *le Figaro*, en Angleterre, dans lequel il contait à ses lecteurs, la lugubre fin d'un jeune comédien qui avait appartenu au Théâtre-Français; aussitôt, il me vint la pensée d'une fondation, qui assurerait, au moins, à nos malheureux compatriotes, un lit pour mourir en paix dans cette grande ville, où la misère est plus horrible que partout ailleurs.

J'écrivis de suite à Johnson, à ce sujet; et, nous tombâmes d'accord qu'outre une souscription, que j'allais ouvrir tout de suite à Paris, une représentation donnée à Londres était de la plus rigoureuse nécessité.

Mais il nous fallait un clou; ce fut la belle et bonne Mme Langtry qui se chargea de le dorer, en nous prêtant son double concours, comme directrice du Princ's Theatre, et son remarquable talent de comédienne, mis au service des *Brebis de Panurge*, de Meilhac et Halévy, qu'elle joua *en français*, avec moi et une sympathique artiste, applaudie, depuis, à l'Odéon : j'ai nommé Mlle Gerfaut. Mme Febvre et moi jouions un proverbe. Mme Trebelli se fit applaudir dans une partie musicale, où l'on entendit Saint-Saens, Sarasate, Mme Lassère, Tosti, Scovel et Cor de Las.

Son Altesse Monseigneur le prince de Galles voulut bien rehausser encore l'éclat de cette représentation, en nous honorant de sa présence.

Grâce à la recette, qui fut très productive, et à la souscription, qui avait pleinement réussi à Paris, le 25 mai, je comptais en espèces sonnantes, 20,000 francs à l'hôpital. Moyennant cette somme, je fus mis en possession d'un titre bien en règle, dont trois doubles furent déposés, l'un à l'ambassade de France, le second à la Société des artistes dramatiques, à Paris, le troisième aux archives de la Comédie-Française.

L'original figure en tête d'un album, entre mes mains, qui contient le nom de tous les généreux souscripteurs.

Parmi ces noms, je relève celui de Dennery, le célèbre dramaturge. Je l'avais menacé de tout dire à Drumont, s'il ne souscrivait pas.

Non seulement il m'envoya son offrande, mais, il y joignit ce mot spirituel :

« Quant à Drumont, la preuve que je suis meilleur chrétien que lui, c'est que je lui pardonne. »

Dans un feuilleton que me consacra, avec la plus parfaite bienveillance, Sarcey, je relève ce passage que, depuis, j'ai relu bien souvent, pour me consoler du peu de gratitude des gens de notre monde, alors même qu'on fait tout pour les mettre à l'abri de la misère, et qu'on cherche à adoucir les derniers jours d'une carrière dont, le plus souvent, la misère est le point final :

« Et, tandis que Febvre, avec sa verve endiablée, me développait ses plans, je ne pouvais me défendre d'une certaine admiration pour ce brio de charité. Febvre a le goût de ces sortes de choses ; il s'en tirera à son honneur, il en a le talent. Il faut lui savoir gré du service qu'il va rendre à l'art dramatique. — F. SARCEY. »

Hélas ! mon cher Sarcey, votre feuilleton est le seul encouragement que j'ai trouvé ; il est vrai que, par la notoriété du signataire, je me suis senti largement récompensé de la peine que j'ai été si heureux de prendre, et que je prendrais encore, s'il était nécessaire !...

Comme une bonne action trouve toujours sa

récompense, dit le proverbe, Mme Langtry, dans le rôle créé par Mme Fargueil, fit merveille, et, je suis sûr qu'il dut lui paraître singulier, le lendemain, de jouer en anglais ; car, la langue française, la veille encore, semblait être vraiment sa langue maternelle.

Le 27 mai, en présence des artistes qui avaient bien voulu s'associer à cette bonne œuvre et de tout le personnel de l'hôpital Français, l'excellent docteur Vintras me fit les honneurs de l'installation.

Une surprise bien douce m'attendait. Au lieu du simple lit dont nous étions convenus, ces messieurs nous conduisirent jusqu'au seuil d'une petite chambre, bien proprette, bien gaie, ornée de fleurs ; et, sur ma demande, on inscrivit sur une plaque de marbre, au-dessus de la porte :

« Lit de la Comédie-Française. »

J'ai su, depuis, que le premier occupant avait été un malheureux chef d'orchestre, atteint d'une maladie de poitrine, et que les hôpitaux refusaient d'admettre.

Le docteur Vintras m'écrivit :

« Grâce à votre charitable pensée, vous avez pu prolonger, de onze mois, les jours de ce pauvre jeune homme, qui vous a béni jusqu'à sa dernière heure. »

Certes, cette fondation m'a donné bien du tourment, bien de la peine ; je me souviens que, pour répéter avec Mme Langtry, nous faisions tous deux la moitié du chemin ; n'étant libre que le dimanche, elle avait la bonté de venir de Londres à Boulogne ; moi, de Paris à Boulogne ; et, dans une chambre d'hôtel, nous répétions *les Brebis de Panurge;* après dîner, elle remontait en bateau, moi en chemin de fer, et en voilà jusqu'au dimanche suivant.

Je n'ai pas écrit (pour la souscription ouverte à Paris) moins de quatre à cinq cents lettres.

Aujourd'hui, toute fatigue est oubliée, l'œuvre est accomplie, et je n'hésite pas à dire que c'est la meilleure *de mes créations*, surtout la plus durable.

Le lendemain de la représentation, M. Waddington, alors ambassadeur de France à Londres, donna un dîner, en l'honneur du succès obtenu la veille. Dîner suivi de réception du corps diplomatique.

L'ambassadeur, dans sa haute bienveillance, avait, paraît-il, espéré me faire une grande surprise ; mais, il s'était heurté, je le crains, au souvenir qu'avait laissé ma présence aux obsèques du Prince impérial...

Et, cependant, cette présence eût dû être moins remarquée que l'absence de quelques-uns, dont je préfère ne pas citer les noms...

1887

La situation de la Comédie était un peu tendue, en ce moment, et le besoin d'un grand succès se faisait sentir; aussi, M. Jules Claretie, sans hésiter, eut l'heureuse inspiration de s'adresser à Dumas, qui, pour nous venir en aide, voulut bien se mettre de suite à l'œuvre et nous livrer, très peu de *jours* après, sa *Francillon*, venue au monde, comme une belle et forte fille, sans secousse, sans efforts, tout heureuse de vivre !

17 janvier 1887.

Première de *Francillon*, 3 actes de Dumas, jouée par MM. Worms, Laroche, Truffier, Prudhon, Coquelin cadet, Febvre, Mmes Bartet, Reichemberg, Pierson, Kalb.

La répétion générale eut un immense succès. La première fut éclatante; pas le plus petit tousseur : l'effet de la répétition n'aurait pu qu'aggraver leurs souffrances; bien renseignés, sans doute, ils avaient préféré s'abstenir.

Je me souviens, encore, qu'après le premier acte, ce pauvre Augier me demanda où était Dumas.

« — Sur la scène, cher Maître.

« — Conduisez-moi à lui. »

Une fois en présence : « Ah mon ami, lui dit Augier, jamais vous n'avez eu plus d'esprit et, surtout, d'aussi belle et bonne humeur; cette exposition est une merveille... et, comme c'est joué ! » Puis, se tournant vers moi, et appuyant sa main sur mon épaule : En voilà un qui a été remarquable... fit-il...

« Oh ce n'est rien, répondit Dumas en souriant, il faut le voir au 2e acte, quand il passe dans les cerceaux de papier ! »

Il y avait, en effet, au second acte, un diable de monologue muet, qui n'était pas d'une exécution facile.

A la lecture, Dumas s'était contenté de l'indiquer par ces mots : « Ici, il y a un monologue, dont Febvre fera son affaire. »

C'était, évidemment, tout ce qu'il y a de plus flatteur qu'un mot comme celui-là, venant de Dumas; et, j'avoue, qu'en le lui entendant dire, j'en rougis de plaisir.

Je fus assez heureux pour trouver l'idée de la fausse sortie, coupant une scène muette en deux : ce qui ne s'était jamais fait... une fois ce détail acquis, la cigarette jetée, la pincette..... tout le reste se composa facilement. Le tout était d'établir le caractère flottant, indécis de ce clubman en *son*, comme a dit l'auteur lui-même.

Dumas était content de moi... et moi, plus encore, d'avoir pu rendre fidèlement sa pensée......

Claretie avait été bien inspiré, en s'adressant à Dumas ; la Comédie tenait un grand succès.

De tous les rôles, qu'il m'a été donné d'interpréter, j'estime que le plus difficile, le plus périlleux était, sans conteste, celui de Lucien de Riverolles.

Le soir de la première, Dumas, plus ému qu'il ne voulait le laisser paraître, se tenait dans la coulisse. Au moment de mon entrée, il me dit :

« Allons, mon cher Febvre, le sort de la bataille est entre vos mains, soyez prudent ; car, un peu trop à gauche, ou un peu trop à droite, de chaque côté, vous côtoyez un précipice.

« Soyez sans crainte, lui répondis-je ; que j'atteigne sans encombre la fin du premier acte ; que je gagne mon fameux « *Eugène* », et je suis sauvé !... »

Ceux qui se souviennent encore de l'effet d'hilarité provoqué par ce mot, que Dumas a écrit sur ma brochure comme dédicace, ceux-là peuvent témoigner qu'à partir du deuxième acte, Lucien de Riverolles ne courait plus aucun danger.

Je conserve comme un titre précieux la préface de *Francillon*. Voici les quelques lignes que l'auteur a bien voulu me faire l'honneur de me consacrer :

« Il faut être un comédien consommé comme

Febvre pour donner de la consistance et du relief à un personnage aussi plat que M. de Riverolles.

« Ce simple serin, comme l'appelle son père, est de la famille du duc de Septmonts, quelques degrés plus bas ; c'est une fausse couche qui a vécu.

« Ce personnage découpé dans le gris, est en demi-tons ; il a reçu de Febvre une allure, une réalité, que Febvre seul pouvait lui donner.

« Febvre joint à son grand talent de comédien, la très bonne habitude de vivre, le plus possible, dans le commerce des gens du monde, où sa grande finesse d'observation a de quoi s'exercer. Les modèles à suivre, en créant ce personnage, ne lui manquaient pas ; aussi, l'a-t-il rendu en perfection. Quand un homme a cette voix sonore et chaude, ces épaules larges, ces pectoraux bombés, il laisse dans l'esprit, dans les sens, et jusque dans le cœur de la jeune fille qu'il a épousée, des frémissements qui ne s'effacent jamais ; cette action est indéniable, et Febvre la faisait sentir tout le temps ; c'est là que le comédien ajoute à l'œuvre, en faisant entendre tout ce que l'auteur n'a pas pu dire. »

« DUMAS. »

Je demande pardon à mes lecteurs d'avoir reproduit, ici, un éloge aussi flatteur ; mais, on me rendra cette justice, que si, dans ces souvenirs, j'ai évité, autant que je l'ai pu, de m'étendre sur les rôles où j'ai eu le bonheur de réussir, il m'était bien difficile de résister à ce petit mouvement de vanité, excusable chez un parvenu, qui se voit conférer, tout à coup, des titres de noblesse.

Car, pour nous autres, une semblable appréciation, dans une préface signée de Dumas, outre qu'elle nous tire de l'oubli pour l'avenir, constitue un véritable parchemin.

Jamais, je crois, je n'eus une presse aussi unanimement bienveillante, et le souvenir de *Francillon* est un des meilleurs de ma longue carrière.

Au cours des répétitions, on raconta force historiettes. J'ai retenu celle-ci, où il y a un mot, que n'eût pas dédaigné l'auteur de *Tartuffe* lui-même.

Nous avions, au foyer, un vieil abonné, qui passait volontiers ses soirées à bavarder avec nous ; c'était un très bon homme, un peu naïf, ancien parfumeur, je crois.

Un soir, il nous arriva tout bouleversé :

Rentrant à l'improviste chez lui, il avait eu le spectacle du flagrant délit le plus terrible, le plus complet que puisse imaginer le plus trompé des parfumeurs.

« — Qu'avez-vous fait ?

« — Je suis allé de suite chez mon avoué, qui m'a

posé cette question : Qui de vous deux a la fortune ?

« — C'est elle.

« — Alors ne plaidez pas ; vous serez ridicule : l'avocat de votre femme s'égaiera sur votre infortune conjugale... ne plaidez pas...

« — Que faire alors ?

« — Une chose bien simple. Rentrez chez vous, comme si rien ne s'était passé, emmenez votre femme dîner au restaurant et conduisez-la au théâtre ! Le reste vous regarde !

« — Mais je ne peux pas..... répondit notre ami : *Ils m'ont vu.* »

N'est-ce pas exquis ? Et ce mot serait-il déplacé dans la bouche d'un Georges Dandin ou d'un Sganarelle ?

Un mot assez drôle du bon gros Laurent, ce comique qui fit les délices des habitués de l'Ambigu.

Il était très souffrant, et, croyant sa fin prochaine, il me dit gravement :

« Je crois que je vais m'en aller dans un endroit où, à la sortie, on ne donne pas de contre-marque ! »

Un grand ami de la maison, qui a laissé au Palais le souvenir d'un président de cour bien spirituel, Ch. Desmazes, conseiller à la cour, nous amusa bien, en nous contant ceci :

« J'étais allé chez moi, nous dit-il, à Saint-Quentin, passer les vacances. Je descendais, un matin, la route, en flânant, quand je vis venir de loin un homme, qu'il me sembla reconnaître pour l'avoir fait condamner, jadis, à dix ans de travaux forcés.

« Plus il avançait, plus le doute ne m'était plus permis; c'était bien lui, grand, robuste, redoutable; moi seul, sur le grand chemin, petit, faible, sans armes : il fallait trouver un moyen de doubler ce terrible cap.

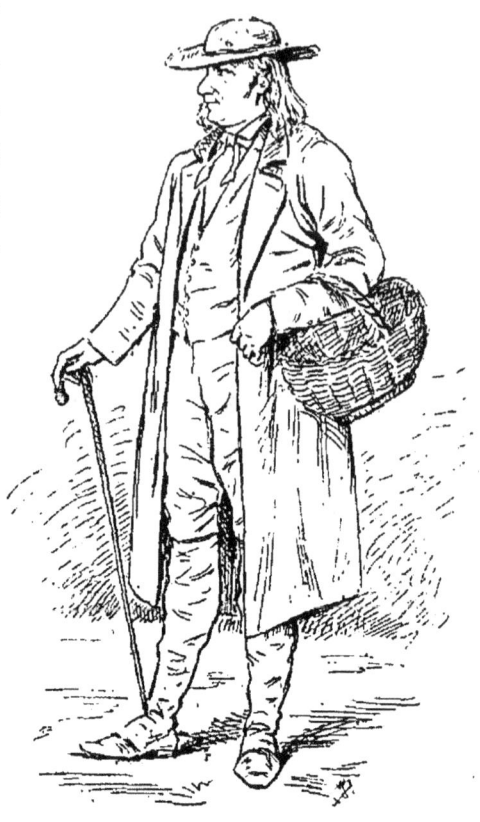

Le père Noël dans *Raymonde*.

Alors, sans hésiter, je m'avançai droit à sa rencontre, et le regardant bien en face, je lui dis avec fermeté :

« — Continuez à vous bien conduire ! »

« L'homme, après m'avoir regardé, baissa la tête, et continua son chemin, en hâtant le pas. Moi aussi, d'ailleurs ! »

« O puissance de la justice, ô souvenir du passé, que vous m'avez tiré là d'un mauvais pas !... »

28 *mars* 1887.

Première de *Raymonde*, 3 actes de MM. André Theuriet et Morand. Interprètes : MM. Lebargy, de Féraudy, Dupont-Vernon, Febvre ; Mmes Baretta, Céline Montaland, Llyod. Je jouais le *Père Noël*.

J'avais eu grand plaisir à monter cet ouvrage et, si le succès ne répondit pas complètement à ce que nous pouvions attendre, le travail de chaque jour m'a laissé le souvenir charmant des heures trop courtes passées en la compagnie de deux auteurs aussi courtois que sympathiques.

29 *mars* 1887.

Je suis nommé chevalier de la Légion d'honneur.

1888

29 *mai*.

Je reprends, après mon camarade Delaunay, le rôle du duc de Richelieu, dans *Mademoiselle de Belle-Isle*. Mlle Bartet joue Gabrielle ; Mme Broisat, Mme de Prie : Mlle Kalb, Mariette ; M. Albert Lambert, celui du chevalier Daubigny.

Soit dans Daubigny, soit dans Richelieu, en ai-je vu des *Mademoiselle de Belle-Isle* !

Madeleine Brohan, à mes débuts; puis, successivement, Mlle Favart, Mme Lafontaine, Mlle Sarah Bernhardt, Mme Broisat, Mlle Bartet, Mlle du Minil; j'en passe, peut-être, mais, non des meilleures.

Quant aux Mme de Prie, il y en a eu, aussi, un chiffre respectable :

Augustine Brohan, à mes débuts; ensuite, Edile Riquier, Croizette, Mme Ponsin, Mlle Pierson, Mme Broisat.

Les Mariette ont été moins nombreuses.

A mes débuts, Mlle Bonval; puis, Mmes Ponsin, Dinah Félix, Kalb.

Les Richelieu, qui m'avaient précédé, peuvent se compter :

Firmin, le créateur, Menjaud, Brindeau, Leroux, Bressant, Delaunay, Garraud.

Les Daubigny sont presque en nombre égal :

Lockroy, le créateur, Maillart, Lafontaine, Garraud, Laroche, Albert Lambert, Febvre.

Dans les derniers temps, où ce pauvre Bressant, déjà très souffrant, jouait Richelieu, je me souviens qu'un soir, au quatrième acte, à la fameuse partie, dont la vie d'un des joueurs est l'enjeu, un des dés alla rouler et se perdre sous le tapis.

Supposant que mon partenaire comprendrait qu'il était nécessaire de dédoubler le chiffre amené au lieu de 5, j'amenai 4; naturellement M. de Richelieu ne pouvait plus abattre que 6, au lieu du onze triomphal.

Mais, déjà fatigué, distrait, Bressant prend le seul dé qui nous restait et après l'avoir secoué dans le cornet, me dit tranquillement : *onze* !

Certes, M. de Richelieu avait de la chance ; mais, amener onze avec un dé, dépasse les proportions permises à la veine la plus obstinée.

Je me contentai de lui répondre : Six, monsieur le duc ; et, c'est assez pour que je perde !...

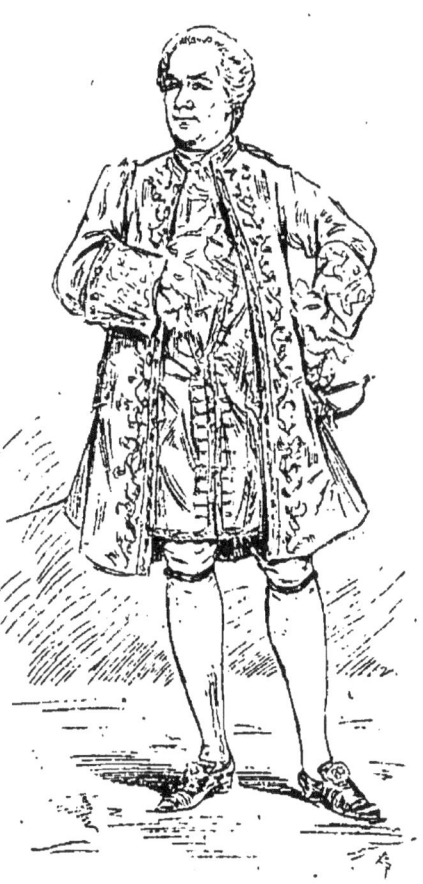

Le Duc de Richelieu dans Mlle *de Belle-Isle.*

Le premier soir où je jouai Daubigny, en compagnie de Sarah Bernhardt, à la fin du troisième acte, alors que le chevalier, ivre de colère et de jalousie, repousse sa fiancée, en lui disant :

« Mais moi, je ne vous pardonnerai jamais. »

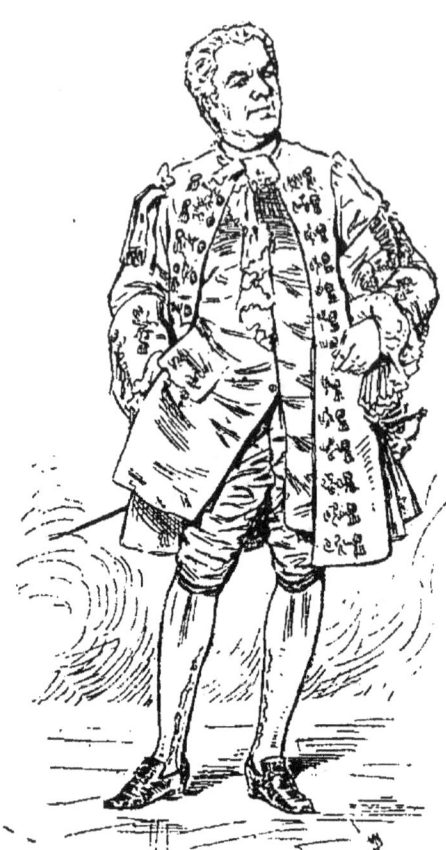

Le duc de Richelieu dans Mlle de Belle-Isle.

oublieux des délicates proportions de ma nouvelle partenaire, je fis un mouvement qui l'envoya trébucher dans la coulisse. J'avais négligé de mesurer ma colère aux formes sveltes de l'infortunée Gabrielle.

Ce rôle de Daubigny me remet en mémoire un curieux lapsus d'un de mes prédécesseurs qui, se trompant, dit un soir à Mlle de Belle-Isle, avec une douce gravité :

« Mon père est mort, en me mettant au monde ; ma mère a été tuée à la bataille de Denain ! »

Quel chapitre amusant on pourrait écrire, sous ce titre : « Les lapsus au théâtre. »

Ainsi, un soir, il m'échappa celui-ci, dans *Bataille de dames ;*

« Monsieur le babon est bien rond. »

Jamais je ne pus trouver : monsieur le baron est bien bon !... et, dans *Mademoiselle de la Seiglière,*

Mlle Favart faillit pouffer de rire, en m'entendant lui dire, avec passion :

« Mademoiselle, je vous vernis, je vous bénère, pour : je vous bénis, je vous vénère. »

Un autre qui est resté légendaire à la Comédie : Leroux, ce comédien distingué, déjà atteint du mal qui devait l'emporter, dit, à une représentation du *Mariage de Figaro*, dans lequel il jouait le comte Almaviva :

« On suspendra tout, Marceline, jusqu'à l'examen de vos tripes, qui aura lieu dans la grande salle du château ! »

Tripes pour *titres*: c'était grave !

Heureusement, le mot ne fut entendu ou compris que par les artistes en scène avec Leroux.

30 septembre.

Reprise des *Brebis de Panurge*, comédie en 1 acte de MM. Meilhac et Halévy.

Mlle Bartet joue le rôle de Mlle Fargueil, et moi celui de Jacques Durand, que j'avais créé au théâtre du Vaudeville de la place de la Bourse. Mlle Ludwig remplit celui de Gabrielle Darcey.

La pièce fit plaisir ; elle est restée, d'ailleurs, au répertoire.

31 *décembre.*

Première représentation de *Pepa*, comédie en 3 actes, en prose, de MM. Meilhac et Ganderax.

Mmes Reichemberg, Bartet, Ludwig, MM. de Féraudy, Lebargy, Febvre, tels étaient les artistes chargés de présenter au public cette œuvre aimable, originale.

Dès le second acte, après la charmante scène entre M. de Chambrun et sa femme, le succès était assuré.

J'ai eu le plaisir de jouer cette pièce à Vienne, à Pétersbourg ; et, partout, elle a trouvé l'accueil le plus flatteur, le plus empressé.

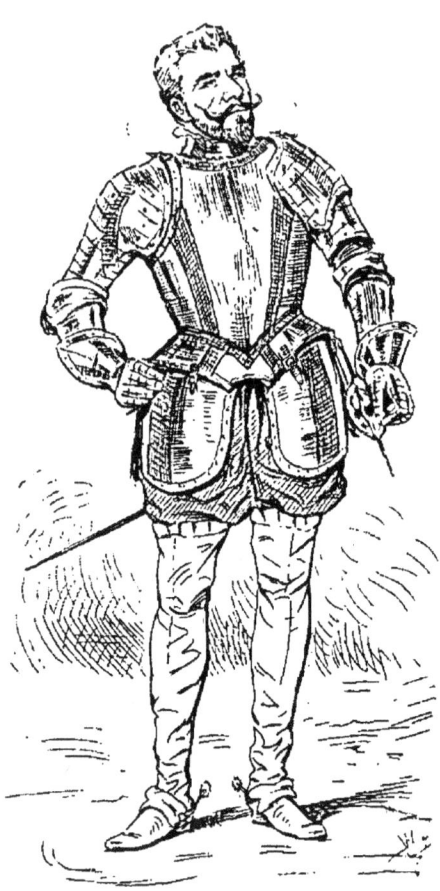
Le duc de Guise dans *Henri III et sa cour.*

1889

5 *janvier.*

La comédie donne la première de la reprise d'*Henri III et sa cour.*

Après une assez longue absence, et un séjour prolongé sur tant de scènes diverses, le drame si intéressant de Dumas reprenait possession de son ancienne demeure, comme un gentilhomme rentrant chez lui, après s'être quelque peu attardé au cabaret.

C'est moi, et j'en suis fier, qui, le premier, ai eu l'idée de remettre à la scène cette œuvre si curieuse.

M. Claretie m'avait chargé de la mise en scène.

Pendant que, de son côté, l'administrateur s'occupait des costumes, je suivais les études; en vingt-deux jours, c'était prêt ! Ce qui prouve que, quand on le veut bien, on peut aller vite. J'avais de-

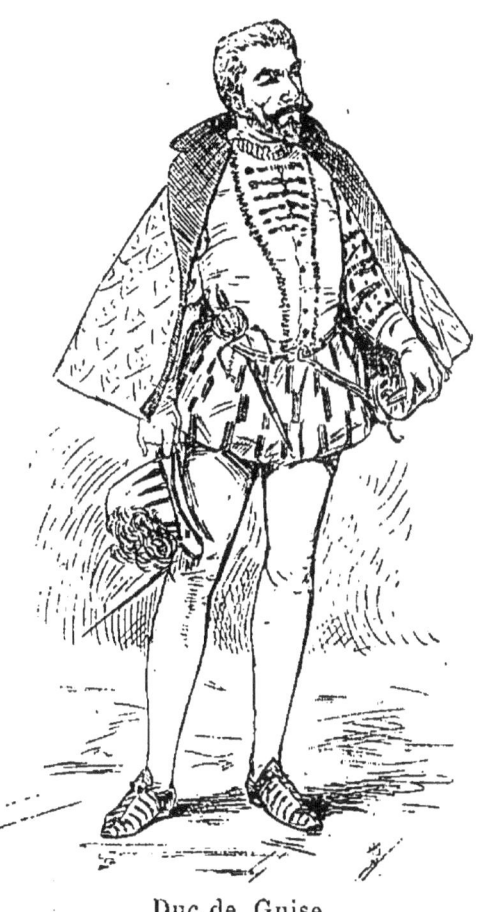

Duc de Guise
dans *Henri III et sa cour*.

mandé une distribution digne de l'auteur, mais, en même temps, des artistes zélés, comprenant le besoin que nous avions de marcher rapidement en besogne.

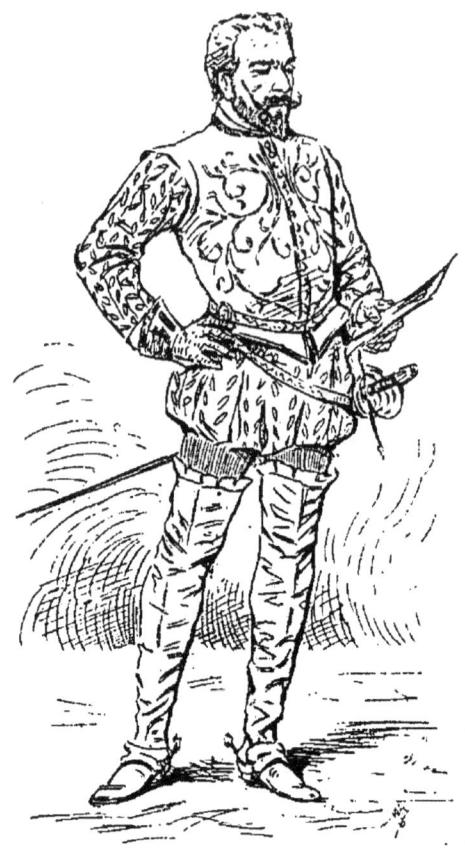

Le duc de Guise
dans *Henri III et sa cour*.

MM. Worms, Mounet-Sully, Silvain, Febvre ; Mmes Brandès, Pierson, Bertiny : voilà pour les principaux rôles.

Tous les rôles secondaires étaient interprétés par des premiers sujets : voilà avec quelles forces nous nous présentâmes devant le public. Le succès dépassa nos espérances et la pièce tint l'affiche pendant longtemps.

En y réfléchissant, quel chemin parcouru, depuis l'*Henri III* repris, à la Gaîté, avec Frédérick, Laferrière et Mme Naptal Arnaud, alors que je jouais, aux côtés de ces grands artistes, le duc d'Epernon (1855-56), et cette soirée du 5 janvier 1889, où m'était échu ce rôle du Balafré; en trente-trois années, que d'événements !

Et, malgré toute la satisfaction que j'éprouvais d'avoir réussi dans ce redoutable rôle, en remontant dans ma loge, après le dernier acte, en me souvenant de tout ce passé si lointain et si près, cependant... je me demandais :

De combien de larmes se compose un succès !

1890.

18 *janvier*.

Première de *Margot*, comédie en 3 actes de M. H. Meilhac, jouée par Mmes Reichemberg, C. Montaland, Bertiny, Fayolle, R. Boyer, Nancy Martel ; MM. Worms, Coquelin cadet, Lebargy. J'avais la bonne fortune de représenter un personnage tout à fait sympathique, le bon M. Boisvillette.

C'était une manière de prélude au rôle du *Père Prodigue*. Adieu, cheveux noirs ; adieu beaux ténébreux ! J'abordais les têtes blanches... et voyais poindre au loin la canne des oncles, tourmentés par leurs coquins de neveux !

Si Meilhac eût consenti à modifier son dénouement, le succès eût été plus grand encore.

« Il fallait, a dit un de ses confrères les plus autorisés, que Margot se mît à aimer ce Boisvillette, avec qui elle eût été parfaitement heureuse ; ou bien, alors, il fallait le rendre d'un caractère moins séduisant ; mais, lui voir préférer un rustre... un garde-chasse... jamais !

Reichemberg faisant la popote de ce brutal, qui lui laisse entrevoir la perspective de fortes raclées; non, c'était impossible; ce sentiment était pénible au public et nuisit à la complète réussite d'un ouvrage dont les deux premiers actes avaient été un succès aussi franc, aussi complet qu'on le pouvait souhaiter.

— Ce malaise éprouvé par le public, en présence d'un dénouement qui déroutait toutes ses secrètes espérances, j'en ai retrouvé la trace partout où j'ai joué la pièce, en France comme à l'étranger.

Un jour, j'en suis sûr, Meilhac modifiera son troisième acte... Hélas! je ne serai plus ce Boisvillette, que j'ai tant aimé; mais, il me restera, au moins, la douce compensation d'applaudir l'auteur de tant de petites merveilles et le comédien qui aura le bonheur de me succéder dans cet ouvrage si original, je ne dis pas spirituel; quand il s'agit de Meilhac, parler d'esprit serait une sorte de pléonasme.

31 *mars.*

Reprise du *Demi-Monde,* 5 actes de Dumas. Je succède à Delaunay, dans le rôle d'Olivier de Jalin.

Mlle Marsy reprend celui de la baronne d'Ange; M. Worms, Raymond de Nanjac; M. Laroche, de Thonnerins, M. de Féraudy, Richond; C. Montaland, Mme de Vernières; Baretta, Marcelle; Mlle Kalb, M^mo de Santis.

Tout en mettant en scène la belle pièce de Dumas, je lui propose quelques coupures. Sous M. Perrin, on commençait *le Demi-Monde*, à 8 heures, pour finir à minuit moins cinq.

Quand il s'agit de couper, Dumas est toujours prêt. Aujourd'hui, les 5 actes allégés permettent de commencer à 8 heures et demie et de finir avant minuit.

Avec les mœurs modernes, le rideau se lèverait à 9 heures et demie, qu'il y aurait encore des retardataires.

On dîne trop tard, maintenant; et, comme la table est généralement servie copieusement, tout le monde n'étant pas aussi sobre que Sarcey, dit l'herbivore de la rue de Douai, la plupart du temps, les spectateurs voient se dérouler sous leurs yeux une pièce, dont il leur est impossible de suivre compréhensiblement les développements, n'ayant pas entendu l'exposition.

Le rôle si complexe de la baronne d'Ange avait été l'occasion d'un beau succès pour Mlle Croizette.

Mlle Tholer, qui lui avait succédé, sans avoir la grande allure de sa devancière, apportait, en revanche, des qualités de discrétion, d'élégante bourgeoisie, propres à encourager l'erreur de M. de Nanjac.

Mlle Marsy, sans tenir compte de ces deux procédés si différents, prêtait au rôle de Suzanne sa fière tournure, cette articulation merveilleuse, qui mettait si bien en relief tous les mots, tous les traits de caractère, dont Dumas a si généreusement doté ce personnage, sans parler de sa beauté, qui rendait excusable, à tous les points de vue, la plus inconsciente mésalliance que puisse commettre un gentilhomme de bonne maison. Ce rôle, en un mot, fournit, à celle qui devait être l'idéale des *Mégères apprivoisées*, l'occasion d'un grand et légitime succès.

En épousant Croizette d'Ange, Nanjac semblait obéir à un mouvement des sens, que lui pardonnaient bien volontiers, d'ailleurs, tous ceux qui, en voyant la femme, eussent commis la même faute. Avec Mlle Tholer, il devenait vraisemblable que, rassuré par l'esprit tranquille, presque placide de cette Suzanne frottée de bourgeoisie, Nanjac puisse espérer trouver, grâce à cette union, un intérieur en rapport avec ses goûts et sa fortune.

Avec Mlle Marsy, c'était la seule chose qui ne se discute pas, qui échappe à toute analyse, c'était le coup de foudre.

Et, puisque je parle de cette artiste sympathique, qu'il me soit permis de dire ici quel travail charmant a été celui des répétitions de la Mégère apprivoisée.

C'est en mettant la pièce en scène, que j'ai pu apprécier de quels dons la nature l'a douée.

Elle possède une qualité bien rare, celle du comique. Souvenez-vous, au deuxième acte, de ses physionomies attendries et désespérées, en voyant disparaître les plats, sans y pouvoir toucher.

Rappelez-vous l'entrée du troisième acte, les vêtements souillés de boue, et tout imprégnés de la pluie, de ce chapeau, qui, tout en étant de la plus haute cocasserie, la rendait plus piquante encore..... et vous conviendrez avec moi qu'une jeune femme, qui possède tant de qualités, quand elle joint à cela la jeunesse, est appelée à un brillant avenir ; et, c'est ce que lui souhaite, dans son amour de la Comédie-Française, son vieux camarade.

Le rôle d'Olivier de Jalin semble devenir, à chaque nouvelle reprise de l'œuvre de Dumas, plus difficile à faire accepter.

Il y a surtout, au troisième acte, la terrible scène, où Mme d'Ange étant absente, Olivier, laisse sur la table les lettres qu'il rapportait à la baronne. Alors, toujours la même question revient à l'ordre du jour et se pose de nouveau :

En agissant comme il le fait, de Jalin commet-il, oui ou non, une indélicatesse ?

Oui certainement, si son action était préméditée; mais, en somme, il n'obéit qu'à un mouvement de vivacité bien excusable, et ce n'est qu'après avoir épuisé, avec Nanjac, tous les moyens, dont peut disposer un homme de cœur, doublé d'un homme d'esprit, que pour empêcher un brave garçon de commettre une sottise, las de se voir incompris, il finit par lui dire :

« Mme d'Ange est sortie. Je dépose ces papiers sur cette table, pour qu'elle les y trouve en rentrant, et je viendrai dans une demi-heure savoir si elle les a trouvés ! Adieu, ou au revoir ! »

Mais, pour éviter dans l'esprit du spectateur tout soupçon de délation, il faut que le comédien accuse, très ouvertement, le mouvement d'impatience qui le fait agir.

Il faut surtout ne pas détailler, et que toute la scène soit jouée, comme s'il y avait dans le texte :

Voilà une heure que je me donne la peine de vous faire entendre, à demi-mot, ce qu'il m'est interdit de vous dire ouvertement; vous ne voulez pas comprendre, vous êtes par trop naïf et, comme je ne puis, sans manquer aux lois convenues de l'honneur, vous en dire plus long, adieu !...

C'est cette façon d'interpréter la scène qui m'a permis, en contentant Dumas, de faire accepter la situation.

Je me souviens, aussi, de ce mot de l'auteur, me disant : « J'espère que vous n'allez pas me chanter l'*air des Pêches;* ce fragment, ajoutait-il, est devenu une sorte de *morceau de bravoure,* appartenant plus, par la façon dont il est détaillé, au répertoire lyrique qu'à l'art dramatique ; c'est, tout simplement une comparaison démontrant à Nanjac le milieu bizarre dans lequel le hasard l'a placé. »

Pour satisfaire à ce désir bien légitime de Dumas, je n'eus qu'à supposer la phrase ainsi conçue :

« Comment, diable, vous expliquer tout cela... Ah ! une idée... aimez-vous les pêches ?... »

Si l'attaque du couplet a été faite dans ce sens on évite, alors, de faire d'un morceau écrit avec une grande justesse d'expression, une période prétentieuse, diamétralement opposée à la pensée de l'auteur.

29 *décembre.*

Première de *Une Conversion,* comédie en un acte, en prose, de M. Charles de Courcy.

J'avais pour partenaires Mmes Baretta et Ludwig

et M. Falconnier, chargé de représenter un maître d'hôtel, personnage muet.

Je fus assez heureux pour indiquer, à mon ami de Courcy, un dénouement qui se faisait par la pantomime. Ce baisser de rideau eut un grand succès, et j'eus le double bonheur de constater que l'auteur ne m'en avait pas gardé rancune.

1891

20 mars.

Première de *Un Mariage blanc*, drame en trois actes, de M. Jules Lemaître.

Je suis chargé de monter cet ouvrage, et, je dois le dire, jamais travail ne m'amusa autant. J'adorais cette pièce curieuse, si peu prévue, écrite dans cette belle langue qui a placé son auteur au premier rang des écrivains et des critiques.

Les artistes choisis étaient Mmes Reichemberg, Marsy, Pierson, M. Laroche et moi, chargé du rôle si périlleux de Jacques de Thièvre.

Voici, à propos de cette pièce, quelques lignes de Sarcey, dans son feuilleton du *Temps* :

« C'est, dit-on, la dernière création de Febvre, qui va prendre sa retraite. Il s'en va donc sur un triomphe, après avoir parcouru une des plus brillantes carrières qu'ait fournie un comédien.

« — Est-ce bien votre dernière création ? Vous le dites ; on le dit autour de vous. Je suis comme le condamné par persuasion. J'ai de l'espoir.

« La comédie ne perdrait pas seulement en vous un comédien de premier ordre, elle perdrait encore un metteur en scène incomparable. C'est vous qui avez été chargé par Claretie de monter la pièce ; vous avez réussi à corriger la monotonie d'une action triste, par la variété des évolutions, des jeux de scène et des attitudes.

« Vous avez su garder, dans le mouvement, cette discrétion que réclamait impérieusement le sujet.

« Francisque Sarcey. »

Lundi 23 mars 1891.

De son côté, voici ce qu'écrivait M. Jules Lemaître, dans son feuilleton du *Journal des Débats* :

« Quant à M. Frédéric Febvre... celui-là, je le retrouverai. Tout ce que je puis vous dire, aujourd'hui, c'est qu'il a mis ma pièce en scène avec une fertilité d'invention expressive et pittoresque, un sentiment de l'élégance, et, en même temps, de la vérité, une abondance d'idées dont j'ai été émerveillé. C'est qu'en montant la pièce de cette façon, il y a très réellement collaboré. Il a aimé ma pièce, il y a cru, il l'a soutenue à la première, sur ses robustes épaules. Je lui en garde une profonde reconnaissance, et j'espère la lui exprimer mieux, une autre fois.

« JULES LEMAITRE. »

23 mars 1891.

Rien, à mon sens, n'est plus intéressant que de mettre en mouvement les personnages d'une comédie, de les bien encadrer, dans le décor, le meublé, l'attitude qui leur convient.

La pièce de Jules Lemaître se prêtait merveilleusement à toutes les combinaisons les plus pittoresques.

Le lieu de l'action, la situation de l'ouvrage, tout me venait en aide, et jamais besogne ne me parut plus facile, plus agréable.

Ajoutez que j'avais affaire à la plus adroite comédienne que j'aie rencontré, Mlle Reichemberg...

Le personnage de Mlle Marsy était une longue suite de difficultés, dont elle triompha avec succès.

Comme pour *Smilis*, le dénouement était un obstacle à la pleine réussite de cette œuvre si hardie.

Et, qu'il y eût eu peu de chose à faire, cependant! La pauvre petite malade ne pouvait finir autrement que par la mort : c'est bien évident ; mais, ce qui avait déplu au public, c'était qu'elle mourût désespérée ! Imaginez, je suppose, que, au lieu d'entendre son mari accepter le rendez-vous offert par sa sœur, elle eût surpris un dialogue dont le sens eût été celui-ci :

« — Oui, aurait dit M. de Thièvre, je sais que je vais vous paraître bien ridicule, bien romance ; mais, cette enfant, qui, d'abord, ne m'avait inspiré qu'un sentiment de pitié... s'est emparée de mon cœur... Et maintenant, souriez, si vous voulez, ce n'est plus de l'intérêt... c'est de l'amour !... Oui, je l'aime !... »

— A la fin de ce couplet, dont je ne donne que le monstre, bien entendu, il apercevait la petite Simonne étendue à ses pieds, la transportait sur le canapé... Alors, la malade l'entourait de ses bras et le baisant au front, lui disait en mourant : Merci !...

Si j'ai indiqué ce respectueux *tripatouillage*, qui eût changé, je le crois, la fortune de la pièce de M. Lemaître, c'est que l'expérience de *Smilis* et de *Margot* m'avait suggéré cette modification.

Mon devoir était de la soumettre à l'auteur, puisque son œuvre était ma plus constante préoccupation.

Lui, tenait à sa donnée première. Je le connais bien, il y tient encore... et je ne puis l'en blâmer... tout en regrettant de n'avoir pu le convaincre.

Pendant mon congé, je fis en compagnie de

Mlle Reichemberg, un voyage artistique en Autriche et en Russie.

Je ne puis mieux faire, pour en raconter les péripéties, que de reproduire, ici, la lettre que j'écrivis, à ce sujet, à mon honorable administrateur, M. J. Claretie :

Cher monsieur Claretie,

Partis de Paris, le 26 juin, par l'Orient Express, à 6 h. 30 du soir, nous arrivions à Vienne, le 28, pour donner, au Carl Theater, des représentations de *Pepa, Margot, l'Ami Fritz*, et d'un spectacle coupé.

C'est une charmante ville que Vienne ; mais, plus charmants encore sont ses habitants.

Grâce à de hautes et puissantes recommandations, nous avons trouvé, dans cette capitale, un protecteur, un ami des arts et des artistes, M. le baron Alfred Springer, qui s'est multiplié pour nous faire une salle de première, un *tout-Vienne*, digne de la maison à laquelle ma gracieuse camarade, Mlle Reichemberg et moi, avons l'honneur d'appartenir ; et, ce n'était pas chose facile, à cette époque de l'année, où toute l'aristocratie est dans ses terres, où la cour est dans le haut Tyrol ou en Hongrie.

Malgré cette difficulté, M. le baron Springer, à

coups de télégrammes, de téléphone, de démarches, réussit à nous composer une brillante assemblée. J'étais porteur pour le baron d'une lettre de mon ami Albert Wolff, se terminant par ce trait, qui mérite d'être rapporté :

« Mon cher Baron,

« Vous avez été toujours si aimable pour moi
« que je désespérais pouvoir jamais, sinon m'acquit-
« ter, du moins vous donner des preuves de ma gra-
« titude.

« Le hasard me vient en aide. Je vous adresse
« Reichemberg et Febvre ; c'est vous qui me redevez.

« ALBERT WOLFF. »

Pepa, qui ouvrait le feu, eut un gros succès et, à l'issue de la représentation, ma gentille partenaire fut accablée de fleurs. Je reçus, moi-même, une immense couronne aux couleurs de France.

Après quatre fructueuses représentations, nous partons pour Odessa, où nous attendait une surprise moins qu'agréable.

A Cracovie, au moment où le train se mettait en marche, j'aperçois nos malles sur le quai !.. Vous voyez d'ici la situation... Que faire ?... télégraphier ?... mais cela ne se pouvait qu'à la station suivante... C'était notre unique ressource..... Mais, quand arriverions-nous, maintenant? Songez que nous débutions par *l'Ami Fritz*, le lendemain soir, au théâtre Seytoff, à Odessa.

J'avais une lettre très pressante pour le directeur général des douanes à la frontière russe.

Nous arrivons... par un orage épouvantable, comme je n'en avais alors jamais vu !

Je me présente à Son Excellence le général X..., directeur général des douanes, qui me dit aussitôt :

« — Oui... oui, je sais... on m'a télégraphié de
« Paris. Je vous connais... je vous ai applaudi, il y a
« quinze jours, à la Comédie-Française, dans *le Demi-*
« *Monde;* j'ai votre portrait chez moi. Que puis-je ?...
« Vous abréger les formalités de visite de vos
« bagages ?... est-ce bien cela ?

« — Merci, général ; mais, notre situation est plus
« grave que ne le pense Votre Excellence... Nous
« n'avons plus de bagages ! Ils sont à Cracovie.

« Le général, un peu surpris, me regarda :

« — Et pourquoi sont-ils à Cracovie ?

« — On a oublié de les faire enregistrer.

« — Mais, c'est donc mauvais pour vous cela, mon cher ?

« — Très mauvais ; d'autant plus que nous jouons, demain soir à Odessa.

« — Non.

« — Comment non ? mais, nous sommes affichés.

« — Impossible.... vous n'aurez vos bagages qu'après-demain matin, 11 heures...

« — Alors, rien à faire ?

« — Rien... Demain matin, je surveillerai moi-même l'expédition ; mais, voilà déjà votre train qui va partir, adieu.

« — Adieu et merci, Excellence. »

Et, au milieu de cet ouragan indescriptible, qui avait transformé la voie en véritable lac, nous remontâmes en wagon.

Le lendemain matin, nous arrivons à Odessa, à 11 heures, par un soleil radieux... mais, quelle nuit !... le sifflet d'alarme ne cessa de se faire entendre... Impossible de dormir... Et nos malles, où étaient-elles ?..... A notre arrivée, nous trouvons sur le quai de la gare, une députation française, qui nous souhaite la bienvenue, bouquets en mains.

— Il y a, nous dit-on, une fort belle location..... Que faire ?... ne pas jouer... ou jouer, avec des costumes improvisés. Il me vient l'idée de donner Fritz, avec des costumes russes. Tout l'après-midi se passe à leur recherche. Enfin, je vous passe les détails : à 8 heures, le rideau se lève. J'entre en scène, revêtu d'un costume de petit Russien, et, après les trois saluts, je prononce le discours suivant :

« Mesdames, Messieurs,

« Le costume, dans lequel j'ai l'honneur de me
« présenter, pour la première fois, devant vous, ne
« doit vous étonner qu'à demi, étant donnée ma
« qualité de Français.

« Nos malles se sont égarées et n'arriveront que
« demain... Que devions-nous faire?... Ne pas jouer,
« c'est-à-dire avoir dérangé toute une foule d'amis
« inconnus et nous priver de l'honneur de leurs
« bravos ; ou jouer, vêtus d'une manière quelcon-
« que... Je vous l'avoue, mesdames, messieurs,
« nous nous sommes laissés séduire à la vue de ce
« costume russe, qui nous a paru être celui le mieux
« en rapport avec le sentiment de notre respec-
« tueuse sympathie, » etc., etc. Je n'ai pas le *texte
exact* de cette annonce ; mais, les lignes ci-dessus
vous en donnent le sens.

La stupéfaction d'un public peu familiarisé avec
notre langue, vous la voyez d'ici..... Reichemberg
ressemblait, dans son accoutrement singulier, à une
Ophélie de province. Comme il avait été impossible
de me procurer des cheveux blonds, j'avais une per-
ruque d'un noir féroce, qui me donnait l'aspect d'un
Louis XI, récureur d'égout... et, quelles bottes ?...

Christel, Hanezo, Frédéric, le Rabin, tous des
bottes... l'apothéose de la cordonnerie !

Et il se trouva une plume malveillante, pour insinuer que l'histoire des bagages perdus était une fable, et que c'était dans l'espoir d'attirer le public que nous avions paru devant lui avec des costumes de Petits Russiens...

« La représentation de *l'Ami Fritz*, un peu froide au premier acte, s'acheva dans de meilleures conditions... Le succès était d'autant plus flatteur que la sobriété de la mise en scène et la simplicité de nos accoutrements n'y pouvait rien prétendre.

En cette saison, Odessa pouvait fournir deux belles représentations. On en donna cinq ; c'était une faute !

Je ne veux pas quitter Odessa, sans vous raconter un petit épisode assez caractéristique.

Un soir, après la représentation, nous étions allés respirer un peu à la *petite fontaine*, endroit exquis, plein d'ombrages, le jour, de mystère, la nuit.

Il avait fait, dans la journée, près de 42 degrés ; nous étions dans ce petit coin délicieux, buvant le champagne, parlant de la France, *à la pâle clarté de l'astre de la nuit*, quand nous aperçûmes une ombre, qui se laissait doucement bercer par les flots.

« — Monsieur... êtes-vous Français ? cria l'un de nous au baigneur mystérieux.

« — Non, je suis Russe.

« — Alors, vive la Russie !

« — Vive la France ! répondit la voix.

« — Vive l'Empereur !

« —Vive Carnot! répartit, sans hésiter, l'inconnu. »

Je bats la mesure : une, deux, trois, quatre, et nous entonnons, Reichemberg, nos amis et moi, l'*Hymne national russe*. Une seconde de silence... et la voix qui semble se rapprocher, nous répond par : *Allons, enfants de la Patrie*... Poème correct... mélodie douteuse... mais, l'intention y était. Nous applaudissons.

« — Monsieur, venez boire un verre de champagne avec nous, cela vous réchauffera.

« Quelques instants après, un grand et beau jeune homme prenait place à notre table. Après les salutations, il me dit :

« — J'ai entendu prononcer votre nom, monsieur, et j'ai pensé que vos gracieuses camarades étaient avec vous. »

C'était un capitaine de la garde impériale.

Nous bûmes à la France, à la Russie, à la Comédie-Française ; que sais-je ? Mais, le vent fraîchissait, il fallait partir ; nous rentrâmes à Odessa, au jour naissant.

Merveilleuse nuit... souvenir charmant...

A Kiew la sainte, nous donnâmes deux représentations. Ce voyage avait été préparé d'une si singulière manière, que nous brûlons Moscou ; et, ce second incendie, je dois l'avouer, nous fut aussi fatal que celui dont les flammes servirent à éclairer l'Empereur, rédigeant le décret qui régit imparfaitement la maison de Molière.

C'était à Moscou qu'il fallait jouer deux fois, et non à Kiew. Mais enfin, cela nous avait permis de faire une visite aux catacombes et aux églises, qui, à elles seules, valent le voyage.

Nous arrivons, enfin, à Saint-Pétersbourg. Ici commence avec le public une partie de cache-cache des plus extraordinaires : pas d'annonces dans les journaux, pas même de bureaux de location en ville ; quand nous jouions à Pawloski, nous étions annoncés à Péterhoff ; on nous désignait sous le nom de la *troupe invisible*.

Cette situation ne pouvait se prolonger plus longtemps. J'allai trouver Son Altesse Impériale Monseigneur le Grand-Duc Wladimir, qui me reçut avec la plus parfaite courtoisie, et, s'intéressant à notre fâcheuse position, m'adressa à M. Raoul Gunsbourg, qui se mit de suite à notre disposition, avec un empressement que je n'ai jamais oublié.

Notre bonne étoile nous avait fait rencontrer à Saint-Pétersbourg, M. le comte de Kératry, chargé d'une mission près du gouvernement russe.

Grâce à ces hautes et puissantes recommandations, après un repos de trois jours, laissant à la presse le temps d'indiquer, enfin, au public le théâtre où il pourrait nous rencontrer, nous reprîmes le cours de nos représentations. Jusqu'à notre départ, la petite troupe, placée sous la direction de M. Gunsbourg, joua devant des salles combles : à Pawlowsky, au camp de Krasnoë, devant Leurs Altesses Impériales, le Grand-Duc et la Grande-Duchesse Wladimir, et le Grand-Duc héritier, et enfin à Peterhoff, devant la famille impériale.

Leurs Majestés avaient choisi *Margot*.

Dans l'entr'acte du deuxième au troisième acte, l'Empereur nous fit demander, Mlle Reichemberg, Mme Febvre et moi. Nous suivîmes M. Gunsbourg, qui nous remit aux mains du chambellan de service. Pendant vingt minutes, j'eus l'honneur de m'entretenir avec Alexandre III. De son côté, l'Impératrice se faisait présenter ces dames.

« — J'aime beaucoup cette pièce, voulut bien me dire l'Empereur ; et, comme Sa Majesté regardait ma boutonnière, parée des ordres de *Saint-Stanislas de Russie*, du *Danebrog de Danemark* et de la *Légion d'honneur* :

« — Qui vous a donné Saint-Stanislas ? me demanda l'Empereur.

« — Le père de Votre Majesté, pour mon ouvrage sur la Comédie-Française, répondis-je. C'est Son Excellence le prince Orloff, ambassadeur à Paris, qui a bien voulu me remettre le brevet et les insignes.

« — Et le Danebrog ?

« — C'est la mère de la femme de Votre Majesté.

« — Ah ! fit l'Empereur en souriant, je vois, monsieur, que nous sommes en famille sur votre poitrine. Êtes-vous content de votre séjour en Russie ?

« — Ce soir, au delà de mes vœux.

« — J'ai su tous les malheurs qui vous sont arrivés dans l'Empire...

« — Une soirée comme celle-ci, fis-je, en m'inclinant, suffit pour effacer les plus tristes souvenirs. »

Après avoir été présenté, de mon côté, à Sa Gracieuse Majesté l'Impératrice, nous prîmes congé.

Son Altesse le Grand-Duc Wladimir, après avoir entendu *Margot* plusieurs fois, soit à Paris, soit à Pétersbourg, voulut bien me charger de ses compliments à Meilhac ; et, c'est avec joie que je m'acquitterai au retour de cette douce mission.

Je me souviens d'une très vive impression, lorsque l'Empereur vint à moi du fond de sa loge. Quand je vis s'avancer ce colosse, vous comprendrez sans peine, mon cher administrateur, le sentiment de respectueuse crainte, dont je fus saisi. J'étais fort troublé, je l'avoue... mais, quand j'entendis cette voix sonore, quand je vis ce regard si clair, si doux et si ferme à la fois, je fus vite rassuré.

« — C'est une âme de cristal, me disait un de ceux qui ont le bonheur et l'honneur d'approcher, chaque jour, le souverain ; cet homme est tellement bon, ajoutait-il, tellement honnête, que je le mets au défi... vous entendez bien... au défi d'avoir une mauvaise pensée ; quand on a été assez heureux pour le voir et l'entendre, on reste frappé de l'ensemble autoritaire et familial de celui qui tient entre ses puissantes mains le sort de tant de nations. »

La veille de notre départ, nous donnâmes une dernière représentation au camp de Krasnoë. Le spectacle se composait du *Baiser*, de Banville, du *Cas de conscience*, de Feuillet et de l'*Histoire du Vieux temps*, de Guy de Maupassant.

Son Altesse le Grand-Duc vint sur la scène et nous dit : « Voyez, j'ai pleuré. » Grand succès, aussi, pour *le Baiser* et Mlle Reichemberg.

La Grande-Duchesse, pour nous complimenter, nous fit demander dans le salon contigu à sa loge.

Son Altesse Impériale le Czarewitch, pour assister à cette dernière soirée, était venu à cheval de

Tsarkoe-Selo, où il faisait des manœuvres de cavalerie ; il avait fait ce voyage par une pluie battante.

J'eus l'honneur de lui être présenté.

Comme je lui exprimais le regret que j'éprouvais, à la pensée qu'après le spectacle, il lui faudrait rejoindre son régiment, par cet abominable temps ; avec beaucoup de bonne grâce, Son Altesse me répondit en parfait français :

« — Pour passer une soirée comme celle-ci, Monsieur, je me ferais mouiller, tous les soirs. »

J'aurais le droit de me montrer très orgueilleux d'un semblable accueil, si une secrète pensée ne me disait, tout bas, que toutes ces galanteries s'adressaient plus encore à ma qualité de Français qu'à mon titre de sociétaire.

Voilà en quelques lignes, mon cher administrateur, le récit rapide, mais, scrupuleusement exact, de notre voyage, pendant lequel nous n'avons trouvé que des gens aimables et hospitaliers.

Une seule chose pouvait me préoccuper, au milieu de tant d'incidents divers, c'était la dignité de la maison à laquelle nous avons l'honneur d'appartenir ; et, j'ai la conviction et la satisfaction de penser que j'ai fait tout ce qui était en mon pouvoir pour la bien sauvegarder.

Si la situation a pu être tendue, un moment, en sortir, grâce à la haute protection du Grand-Duc

Waldimir, est un honneur, et ce qui me comble de joie, c'est de penser que je suis assez heureux pour être son obligé.

Voilà la vérité, malgré bien des racontars ; n'en doutez pas plus, mon cher administrateur, que vous ne pouvez douter de mes sentiments les plus affectueux et les plus dévoués.

« Frédéric Febvre. »

1892

27 mars 1892.

Reprise de *Mademoiselle de la Seiglière*.

Je joue, pour la première fois, le rôle du Marquis; Mlle Baretta, celui d'Hélène ; Mlle Pierson, la Marquise; Worms, Bernard ; Coquelin cadet, Destournelles ; Boucher, M. de Vaubert ; Roger, Jasmin.

« Le Marquis de la Seiglière a été admirablement joué par Samson, et par Thiron, après lui; il faut bien le dire, aucun d'eux n'était l'homme du rôle.

« Febvre, avec ses robustes épaules, son aspect solide, sa tête énergique, sa diction âpre et mordante, semble avoir été taillé pour représenter ce marquis, grand chasseur, grand buveur, tête à l'évent, mais, cœur impétueux, une de ces figures les plus curieusement fouillées de notre théâtre.

« FRANCISQUE SARCEY. »

Voilà, on l'avouera, de quoi décider le plus hésitant; et, c'est ce qui me donna le courage, à la veille de mon départ, de faire cette étude si intéressante.

En citant Samson, le créateur, et Thiron, son successeur, Sarcey a oublié M. Régnier, qui reprit le rôle, à mes débuts, en 1866, abandonnant celui de Destournelles, dans lequel il était, tout simplement, la perfection.

J'ai dit assez ce que je pensais au sujet de la composition du rôle du Marquis, en parlant de la pièce, à mes débuts, pour ne pas insister davantage sur ce sujet.

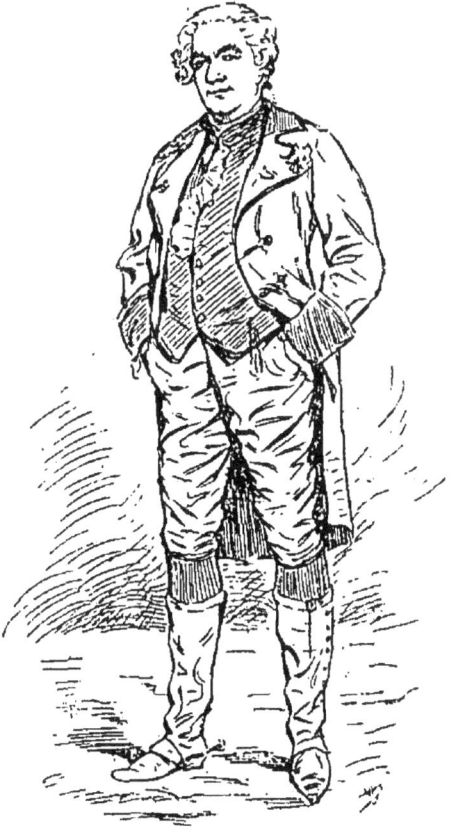

Le Marquis
dans *Le Marquis de la Seiglière*.

Ce qui est certain, c'est que c'est à tort qu'on

en fait un niais, une oie prétentieuse, un dindon en colère ; c'est, tout simplement, un égoïste... un excellent homme... un très bon père... un serviteur fidèle de son Roy... mais, un profond égoïste.

Si mon cœur s'est partagé jadis, entre beaucoup de Mlle de Belle-Isle, le nombre de mes Hélène n'est pas moindre.

En 1866, Mlle Favart, Marie Royer ; puis, Croizette, Broisat ; à Vienne, Mlle Bartet, Mlle Du Minil et, enfin, Mme Worms Baretta.

Cette pièce, qui a toujours la faveur du public, est un des rares ouvrages où, tout en remuant assez violemment ce terrain brûlant de la politique, les auteurs aient trouvé le moyen de ne blesser aucune conviction.

Monarchie, Empire, Tiers-Etat sont en présence ; cependant..... et, chose curieuse, pas un mot, pas un trait de caractère n'est de nature à blesser le spectateur le plus susceptible. C'est un fait assez curieux, ce me semble, pour qu'il me soit permis de le souligner.

2 décembre.

Reprise du *Père Prodigue*.

Je joue, pour la première fois, le rôle du *Comte de la Rivonnière*.

J'aurais eu le dangereux honneur de succéder à

Lafont, si Dupuis n'eût jeté un pont, qui me rendait la traverse un peu moins périlleuse.

Loin de moi la pensée de chercher à diminuer le souvenir de Dupuis, pour le talent duquel je professais une grande estime..... mais, venir immédiatement après le créateur, qui avait été si parfait, si grand seigneur, eût été courir au-devant d'un échec.

Il fallait trouver un juste milieu entre mes deux devanciers, c'est-à-dire appuyer sur certains côtés laissés par eux dans une demi-lumière. C'est à cela que, avec les précieux conseils de Dumas, je mis tous mes soins.

On ne pouvait prétendre à être un gentilhomme d'aussi correcte allure que Lafont; mais, le côté paternel, la note attendrie... on pouvait lui donner un plus grand développement.

« C'est là qu'il vous faut viser, » me répétait l'auteur, pendant le travail des répétitions.

Il ne m'appartient pas de dire si j'y ai réussi ; mais, j'ai contenté Dumas : il me l'a dit, il me l'a écrit; j'ai rencontré, dans la critique, de précieux encouragements... je me tiens donc pour satisfait, me souvenant du vieux dicton :

On ne peut contenter tout le monde et son père !

Le Marquis de la Seiglière, comme le Père Prodigue, exige, avant tout, un comédien de taille moyenne, plutôt rondelet que maigre, pas trop petit, mais, surtout, pas trop grand, quelque chose comme une moyenne entre MM. Samson et Thiron. Avec un si bel estomac, et un organisme aussi remarquable, la maigreur, chez le marquis de la Seiglière, semble presque une invraisemblance.

Lafont, qui était de belle taille, joignait à ses autres qualités physiques, le précieux avantage de n'être ni trop gras, ni trop maigre, et, s'il fallait tomber dans un de ces deux extrêmes, on accepterait plutôt, encore, un marquis de la Seiglière, un comte de la Rivonnière, se rapprochant du duc d'Aléria, de Villemer, tel que l'a dépeint Mme Sand, que de la silhouette d'un long et triste échassier, se balançant sans grâce, au gré du vent.

L'année précédente, j'avais, déjà, prié mes collègues de vouloir bien accepter ma démission.

L'aimable insistance du comité et celle de mon ami et administrateur m'avaient fait revenir sur cette détermination. Si un autre motif m'avait poussé à cette dernière résolution, c'était bien certainement l'espoir de créer, avant mon départ, cette *Route de Thèbes*, de Dumas, que j'ai attendue deux ans, avec une impatience partagée par tous les admirateurs de l'auteur de *Denise*.

« Songer à vous retirer, me disait-on, de tous

côtés.....: quand vous avez devant vous tant de choses intéressantes à faire, c'est folie ! » Mais; depuis longtemps, j'étais hanté de cette idée, que disparaître dans le succès; avant que l'heure de la retraite ne s'imposât comme une pénible nécessité, était, au contraire, à mon avis, une preuve de sagesse.

L'art du théâtre... est fait de jeunesse et de passion. A mesure que les années se succèdent, il y a beaucoup de chance, pour le comédien, de ne plus donner au public (même le plus indulgent) que les preuves d'un affaiblissement des moyens physiques.

Et puis, est-il quelque chose de plus triste, de plus pénible que la vue d'un vieillard en scène : toute preuve de fatigue extérieure, chez l'artiste, est une souffrance pour le spectateur, qui ne veut pas que son plaisir soit gâté par la pensée que ce vieux monsieur, qui se démène devant lui, serait bien mieux dans son lit que sur les planches.

Si, à la sortie du théâtre, certains comédiens, qui ne partagent pas ma façon de voir, pouvaient entendre ce que l'on dit de leur présent, en le comparant à leur passé, ils se rangeraient à mon avis ; et, rentrés chez eux, avant même de céder au sommeil, ils écriraient, au plus vite, les quelques lignes propres à leur assurer un repos aussi impérieux que nécessaire.

Laisser derrière soi des regrets, au lieu d'un

soupir de soulagement... était chose faite pour me tenter.

Ah! certes, ce n'est pas sans un certain déchirement de cœur qu'on prend une telle résolution... et, il m'a fallu du courage; mais, aujourd'hui, ma seule ambition est d'assister et d'applaudir, longtemps encore, mes jeunes et vaillants successeurs et de voir prospérer cette belle maison, qui honore ceux qui ont eu le bonheur de la bien servir.

Le ministre lui-même essaya de combattre ma résolution, par les propositions les plus flatteuses; mais, j'avais bien réfléchi...

Il fut donc convenu que, pendant le voyage de la Comédie-Française à Vienne, je dirigerais la troupe, dont le déplacement, n'étant pas officiel, n'obligeait en rien M. Claretie à quitter Paris, il fut convenu, en outre, qu'après avoir accompagné, l'an prochain, mes camarades à Londres, je recouvrerais ma liberté et que ma représentation de retraite aurait lieu le 24 mai 1893.

VOYAGE A VIENNE

Les représentations devant commencer, le mardi 24 mai, après m'être mis d'accord avec M. Claretie et avoir arrêté, avec M. le baron de Bourgoing, le répertoire, je partis en éclaireur, le 17 mai, pour préparer les logements et me rendre compte de l'état du théâtre sur lequel nous allions paraître.

Le répertoire, choisi par Mme la princesse de Metternich et M. le baron de Bourgoing, était celui-ci :

PREMIER SPECTACLE
Les Femmes savantes. — La Nuit d'octobre.

DEUXIÈME SPECTACLE
Il ne faut jurer de rien. — Le Bonhomme jadis.

TROISIÈME SPECTACLE
Mademoiselle de la Seiglière. — Le Dépit amoureux.

QUATRIÈME SPECTACLE
Mademoiselle de Belle-Isle.

CINQUIÈME SPECTACLE
Le Médecin malgré lui. — Le Jeu de l'amour et du hasard.

SIXIÈME SPECTACLE
Adrienne Lecouvreur.

SEPTIÈME SPECTACLE
Denise.

DERNIER SPECTACLE
Pépa.

La troupe se composait de : Mmes Reichemberg, Bartet, Pierson, Fayolle, Kalb, Du Minil, Cécile Daubray ;

De MM. Got, Febvre, Prud'hon, Boucher, Leloir, A. Lambert, Jolliet, Falconnier.

Il restait à Paris les artistes dont les noms suivent :

MM. Mounet-Sully, La Roche, Worms, Coquelin, Coquelin cadet, Silvain, Baillet, Le Bargy, de Féraudy, Paul Mounet, Garraud, Samary, Martel, Dupont-Vernon, Roger, Villain, Clerh, Hamel, Gravollet, Laugier, Beer, Leitner, Dehelly, Royer ;

Mmes Barretta, Broisat, P. Granger, Dudlay, Muller, Marsy, Llyod, Frémaux, Amel, Persoons, Hadamard, Ludwig, R. Boyer, Nancy Martel, Bertiny, Lynnès, Malk, Moreno, Brunzer.

Soit 42 artistes.

On voit que le répertoire pouvait encore offrir des chances d'intérêt au point de vue de l'interprétation.

Quel théâtre, en effet, pourrait jamais, en permettant le déplacement de 16 artistes, offrir un tel tableau de troupe.

Les feuilletons de Sarcey ont tenu le public assez au courant de notre séjour à Vienne, pour que je risque une appréciation quelconque.

Mais, en dehors du domaine de la critique, je puis raconter, ici, quelques particularités de cette campagne, qui assura au théâtre de l'Exposition, des recettes qui le firent rentrer dans les pertes causées par les représentations du théâtre allemand.

Sur ma requête pressante, appuyée par Son Excellence Monseigneur le Prince de Hohenlohe, grand-maréchal de la cour, j'obtins de S. M. l'Empereur François-Joseph, la promesse qu'il voudrait bien honorer de sa présence l'une de nos représentations.

Je devais avoir la réponse à ma supplique, au Garden Party, qui était donné en l'honneur de la Comédie-Française, le 30 mai, sous la présidence de Mme la princesse de Metternich, fête à laquelle avait été conviés la presse et les principaux artistes des théâtres impériaux de Vienne. Un peu avant la fin de cette belle journée, la princesse fit photographier artistes autrichiens et français, réunis deux par deux, Got et Sonnenthal, Lewinski et moi, etc., etc... puis, comme bouquet, la princesse prit place au milieu d'un groupe composé de Got, de moi, de Mmes Reichemberg, Bartet, Pierson, nous disant ce mot charmant :

« Sociétaire de la Comédie-Française ! plus heureuse que Michonnet, mon rêve est satisfait. »

Ici, se place le souvenir d'un incident, qui fournit encore à la princesse un mot bien typique.

Notre camarade Falconnier, qui est un très

habile tireur, avait apporté sa carabine, avec laquelle il proposait à la princesse de découper, sous ses yeux, un as de trèfle, placé au-dessus de la tête de celui qui voudrait bien se prêter à cette réédition de la scène de Guillaume Tell.

Albert Lambert s'offrit de très bonne grâce. Alors, la princesse, me tirant à l'écart, me dit ce mot exquis :

— « Dites donc, mon cher monsieur Febvre, si on choisissait plutôt un artiste qui ne joue pas ce soir. »

Le coup partit, l'as était découpé ; et, Albert Lambert joua, le soir, avec un très grand succès, *Denise*, devant l'Empereur : car, on venait de m'apporter l'heureuse nouvelle : Sa Majesté consentait.

Je dus donc me trouver en grande tenue, à huit heures moins dix, pour recevoir François-Joseph et lui faire les honneurs de la soirée.

A 8 heures, moins quelques minutes, l'Empereur descendait, ou plutôt, sautait de sa voiture comme un jeune homme. Après avoir jeté sa capote sur les coussins, il gravit rapidement les marches qui conduisaient, par un escalier particulier, à sa loge.

Une fois arrivé... en m'apercevant, François Joseph s'arrêta — et le chambellan, M. le comte Boos de Waldeck, me présenta :

— M. Frédéric Febvre, Vice-doyen, Directeur, à

Vienne, de la troupe des artistes de la Comédie-Française.

Si j'ai bonne mémoire, vous m'avez déjà été présenté, Monsieur, me dit l'Empereur, dans le plus parfait français, en 1867, aux Tuileries, par Napoléon III ; vous jouiez, ce soir-là, un petit proverbe de M. Legouvé, je crois, et vous aviez pour partenaire une admirable comédienne, Mme Plessy.

Je m'inclinai, et, tout en admirant la fidélité des souvenirs de Sa Majesté, je me souvins du mot du général Fleury.

« C'est le métier des souverains d'avoir de la mémoire. »

— Je me promets une très bonne soirée, ajouta l'Empereur ; est-ce commencé ?

— Non, sire ; on attend Votre Majesté.

— En ce cas, veuillez donner les ordres nécessaires ; j'ai l'habitude de ne jamais me faire attendre... à bientôt, monsieur. Tout cela fut dit avec un ton et une allure de grand seigneur, dont Sa Majesté est le plus parfait modèle.

Denise, que l'Empereur avait fait jouer au théâtre de la Burg (car, la Censure avait mis le veto sur l'œuvre de Dumas), *Denise*, dis-je, eut un succès de larmes.

L'Empereur, qui a l'habitude de se reposer de bonne heure, étant le plus matinal de son royaume, resta jusqu'à la fin du troisième acte. Quand je le reconduisis à sa voiture :

— Quelle belle langue que cette langue française, me dit Sa Majesté, et quel merveilleux ensemble ! J'avais espéré une belle représentation, et vos camarades, monsieur, ont fait qu'elle a été au-dessus de mes espérances. Quelle superbe pièce... quel style simple, concis ! Je suis très content de ma soirée.

— Votre Majesté me permet-elle de reporter à mes camarades les paroles flatteuses qu'elle vient de prononcer ?

— Je ne vous le permets pas, monsieur ; je vous en prie ! Mais, il est tard, et je retourne à Schœnbrunn. Bonsoir, monsieur... et encore tous mes compliments, répéta l'Empereur en remontant dans sa voiture, qui disparut emportée par ses magnifiques trotteurs.

Après le dernier acte, j'eus l'honneur de reconduire également à sa voiture la princesse Stéphanie qui, me montrant ses yeux rougis de larmes, me dit :

— Voyez dans quel état m'a mis M. Dumas... tous mes compliments à vos camarades.

Après Son Altesse, l'archiduc Louis-Victor et celui qu'on nomme le Prince Héritier, voulurent bien me tenir le même langage. Belle et glorieuse soirée pour Dumas et la Comédie-Française.

La présence de Sa Majesté au théâtre de l'Exposition, m'a fait reléguer au second plan une fête, qui, cependant, revêtit la forme d'une sorte de démonstration des plus flatteuses pour la France, et dont la Comédie-Française, assistant à la Bataille des Fleurs (qui fut donnée le 28 mai 1892) ne fut que le prélude.

Dix voitures aux couleurs de France, étaient venues nous prendre au Continental Hôtel, pour nous conduire au Prater. Sur notre parcours, nous n'entendîmes que les cris répétés de : Vive la France ! Vive la Comédie-Française !

Première voiture : Mlles Reichemberg et Bartet.
Deuxième voiture : MM. Got et Febvre.
Troisième voiture : Mlles Pierson et Fayolle.
Quatrième voiture : MM. Prud'hon et Boucher.
Cinquième voiture : Mlles Kalb, Du Minil.
Sixième voiture : MM. Leloir, Truffier.
Septième voiture : Mlle Daubray et M. Alb. Lambert.
Huitième voiture : MM. Joliet et Falconnier.
Neuvième voiture : Mme Febvre et la fille de Mlle Reichemberg.
Dixième voiture : M. Gaillard et la mère de Mlle Du Minil.

INCIDENT DE PRAGUE

Je ne suis pas fâché de trouver, ici, une occasion qui me permette de réduire, à ses modestes proportions, ce que l'on a nommé, un peu pompeusement, l'Incident de Prague ; il est tout entier dans cette lettre adressée, par moi, à M. Claretie, reproduite par le *Figaro*, et dans la réponse de M. Claretie, qui avait pris la peine de couper lui-même les ailes de ce perfide canard.

« Cher monsieur Claretie,

« Le 1er juin, à 9 heures du soir, ayant mis en chemin de fer les artistes de la Comédie-Française, placée sous ma direction provisoire, n'ayant plus aucun mandat à remplir et muni de votre autorisation spéciale, mon camarade M. Boucher, Mlle Bartet, moi et M. Lencht Dorval, notre impresario, devions donner un spectacle dans chacune des villes ci-après : Gratz, Pesth, Prague, Brün, Zurich et Bâle. Pesth n'étant pas possible, le 3, nous avons joué à Gratz. Dans cette ville, nous avons eu la bonne fortune de rencontrer un compatriote, qui nous a mis au courant d'une situation, que nous étions loin de soupçonner. Immédiatement, et avant même de recevoir aucune défense administrative, nous avons déclaré à M. Lencht Dorval, que nous n'irions pas à Prague.

« Nous vous l'avons télégraphié de suite. La journée du 4 a été employée à voyager de Gratz à Vienne, de Vienne à Brun, où nous jouons ce soir.

« Demain, nous partons pour Zurich.

« Le 6, représentation à Zurich, le 7 ou le 8 à Bâle, et le 9, au soir, nous serons à Paris, très surpris d'un incident que la distance n'a pu que grossir et aggraver.

« Nous comptons sur votre amitié pour donner à cette lettre la publicité la plus rapide. Merci d'avance et bien affectueusement à vous.

« Pour mes camarades et moi,

« F. Febvre. »

« Mon cher Febvre,

« Avant toute chose, j'ai déclaré que toute cette histoire était impossible ; que le correspondant avait été mal informé. Je vous ai autorisé, vous, Boucher et Mlle Bartet à vous arrêter à Gratz, Pesth, *Prague*, Zurich, Bâle, où la colonie française de ces villes a dû vous préparer, je le sais, un sympathique et cordial accueil.

« J'ai garanti et assuré, à ceux des journalistes qui m'ont questionné à cet égard, que la représentation de Prague n'avait pas eu lieu ; que c'était là une affaire de tact et de cœur, et que j'étais bien tranquille, comme je le suis encore. »

« Les journaux d'hier considèrent l'incident comme étant clos.

« Bien vous,

« CLARETIE. »

Texte de notre dépêche du 4 juin, Brun.

« Protestons énergiquement contre annonce de représentation donnée à Prague. De notre propre mouvement, quand nous avons connu la situation du théâtre de Prague, avons renoncé à paraître dans cette ville, *où aucun de nous n'a mis les pieds.* »

Quand je relis, maintenant, les dépêches échangées pour cette sotte histoire, et que je vois que des artistes français peuvent aller tranquillement à Berlin, sans que la presse en prenne autrement souci, j'ai le droit de penser que nous n'avons vraiment pas eu de chance.

Tout, dans cette malheureuse affaire, semblait avoir conspiré contre nous : le parti pris des uns, la malveillance des autres, et jusqu'à une de nos charmantes camarades, presque retirée, qui, par un oubli, qu'elle a dû bien regretter, depuis, laissait échapper ces mots cruels, dans un interview, que j'ai sous les yeux :

« J'ai toujours estimé que notre voyage devait se borner au déplacement de Vienne. J'ai donc *tenu bon*, lorsqu'on est venu me proposer de jouer à Gratz, Brun, Prague, Zurich, Bâle, *le Cas de conscience*, livre III, chapitre Ier et les *Espérances*. Ce n'était plus la Comédie-Française ; il me semblait naturel qu'étant partis ensemble, nous devions rentrer ensemble à Paris.

« Quelques-uns de mes camarades n'ont pas pensé comme moi. Je le regrette pour eux, surtout s'ils ont joué sur le théâtre de Prague, qui est immense, les modestes pièces, que je viens de vous dire, et dont une seule appartient au répertoire du Théâtre-Français. »

Avouez qu'il dut nous paraître dur, au retour, de nous voir accablés de la sorte, à moi surtout, qui possède la lettre de l'oublieuse artiste qui consentit à jouer ces *modestes* pièces et à ne pas *revenir* avec la *Comédie-Française*, moyennant la forte somme...

Comme elle le dit elle-même, *elle tint bon*. M. Lencht Dorval aussi, d'ailleurs, et l'affaire ne se fit pas, avec elle du moins, mais bien, avec une éminente artiste, qui eut un immense succès.

Quant à moi, j'ai toujours été convaincu que la pensée de notre chère camarade avait été mal traduite; car, elle a trop d'esprit pour s'être mise, aussi ouvertement, en contradiction avec elle-même, en exprimant, un peu tardivement, des scrupules aussi nouveaux que peu justifiés.

REPRÉSENTATION DE RETRAITE

24 mai 1893.

Le spectacle se composait du : *Diner de Pierrot*, joué par Mlle Bertiny et M. Truffier.

Cinquième acte de l'*Etrangère* : Mmes Barretta Worms, Pierson, Brandès; MM. Prud'hon, Lebargy, Leloir, Alb. Lambert, Samary, Hamel et Falconnier. Je jouais Clarkson.

Deuxième acte de la *Mégère apprivoisée* : Mmes Marie-Louise Marsy et Muller; MM. Coquelin aîné, Coquelin cadet, Laugier, Leitner, Berr.

Troisième acte de *Ruy Blas* : Mlle Bartet; MM. Alb. Lambert, Febvre, *Don Saluste*.

Les Précieuses Ridicules : Mlles Marsy, Legault, Alb. Lavigne, du Palais-Royal; MM. Coquelin aîné, Dailly, de l'Odéon; Galipeaux, du Vaudeville; Lebargy, Boucher : Un Porteur, Silvain ; 2e Porteur, Paul Mounet.

Troisième acte de l'*Ami Fritz* : Mlles Reichemberg,

Pauline Granger ; MM. Got (Febvre, *Fritz*) et MM. Coquelin cadet et Jean Coquelin.

Intermèdes : Mmes Yvette Guilbert, Thuillier, Leloir, Amel.

Pièce de vers, d'Armand Silvestre, dite par Mlle Bartet, devant tout le personnel de la Comédie-Française.

C'est toujours une cérémonie un peu triste que celle d'une représentation d'adieu, une sorte de prologue de l'oubli, ce *second linceul des morts*, comme dit Dumas, dans *Antony*, et qui évoque, dans ma pensée, le souvenir de ce mot si navrant de Mlle Mars, le soir de sa représentation de retraite.

Après que le rideau se fût levé et baissé une dizaine de fois, alors qu'il retombait lentement, pour la dernière fois, la grande artiste, quoique à moitié morte d'émotion, eut la force de se tourner vers ses camarades et de leur dire :

« Eh bien ! mes bonnes amies, il me semble que cela peut passer pour un *convoi de 1re classe ?* »

La Comédie-Française garde encore le souvenir respectueux de la représentation de retraite de Monrose père. Ce soir-là, l'illustre Scapin jouait le *Barbier de Séville* ; mais, son état de santé avait exigé que le docteur Blanche l'assistât toute la soirée.

Duprez, le créateur de *Guillaume Tell*, avait voulu chanter dans la coulisse la romance de Lindor, pour donner à son vieux camarade une preuve de ses affectueux sentiments.

Car, il existait, à cette époque, une camaraderie, disparue depuis... On s'estimait, on s'admirait même... On peut lire, dans les souvenirs du vieux temps, que Saint-Prix suivait Lekain à l'entrée et à la sortie du théâtre, et qu'il posait avec soin ses pieds, là où celui qui fut son modèle avait déjà posé les siens. On pouvait dire de lui, dans le sens précis du mot, qu'il avait marché sur les traces de son illustre devancier.

Plusieurs sociétaires, en ces derniers temps, renoncèrent à leur représentation : les uns, empêchés par la maladie, les autres, par un sentiment que l'on s'explique, quand on a passé par cette terrible épreuve.

Mmes Croizette, Madeleine Brohan, Nathalie, Jouassain, E. Riquier, Dinah Félix se sont dérobées à cette pénible émotion.

MM. Thiron, Barré ont quitté la comédie, sans donner au public la satisfaction de les applaudir une dernière fois. Bressant étant très malade, ce fut le comité qui organisa sa soirée d'adieu. Le résultat fut beau ; mais, il l'eût été plus encore, si celui pour qui se donnait la fête avait pu prendre part à la représentation, regrettant surtout de ne pouvoir plus mettre sur l'affiche :

Comédien ordinaire de l'Empereur.

Ce titre, auquel il tenait tant et qui remonte à la date du 3 juillet 1804, ne disparut que vers 1815. La dernière soirée où Napoléon Ier vint à la Comédie-Française, le spectacle se composait d'*Athalie*.

Je reviens à la représentation du 24 mai 1893.

Pendant que ma charmante camarade, Mlle Bartet, de sa voix si pénétrante, prononçait l'*Absoute*, d'*Armand Silvestre*, je me mordais les lèvres, dans mon coin, pour ne pas éclater en sanglots...

ADIEUX A FEBVRE

D'ARMAND SILVESTRE

dits par Mlle Bartet.

I

Pour laisser au public sa mémoire sans tache,
Léguer à l'avenir un nom du temps vainqueur,
L'artiste, quand le jour vient d'achever sa tâche,
La mesure à sa gloire et non pas à son cœur.

Si contre le repos son courage réclame,
Avant qu'un souffle amer l'expose à défaillir,

De son propre génie il étouffe la flamme,
Pareil aux dieux qui n'ont pas le droit de vieillir !

Il laisse s'obstiner, à leurs travaux sans gloire,
Ceux qui de l'idéal ignorent le chemin,
Renonçant au combat plutôt qu'à la victoire,
Ne voulant qu'un laurier verdoyant dans sa main.

C'est notre honneur, à nous, que le vulgaire envie,
D'avoir le sacrifice à la fin du devoir,
De renoncer à vivre encore pleins de vie,
De cesser de vouloir avant que de pouvoir.

II.

Cet honneur est le tien, toi qui fuis, avant l'heure
Et dans l'éclat viril de ta maturité,
Ami, cette maison qui t'aimait et te pleure,
Où de nouveaux succès t'attendait la fierté.

Le travail te paya d'honneurs : vous êtes quittes ;
Du pacte, nul des deux ne se doit repentir.
A compter nos regrets, si trop tôt tu nous quittes :
A compter tes succès, hélas! tu peux partir !

Epris de ton art seul, ignorant la fatigue,
Sur un labeur sans trêve érigeant tes succès,
Tu payas ton écot, sans compter, en prodigue,
A l'antique renom du Théâtre-Français.

Tu nous étais venu chargé de renommée,
A la ruche nouvelle apportant ton butin,

Abeille au vol sonore, et qu'avait acclamée
La Gaité, l'Odéon, la Porte-Saint-Martin,

Le Vaudeville enfin, où préludaient en gloire
Augier, Meilhac, Feuillet, Sardou, bientôt fameux.
C'est ta voix qui sonna leur première victoire ;
Tu leur restas fidèle, en grandissant comme eux !

III

Pour toi comme pour eux, la maison de Molière
S'ouvrit, mêlant encor vos destins éclatants,
Pleine du juste orgueil de t'être hospitalière ;
Et tu fus son honneur, pendant près de trente ans !

Ton talent souple et fin, généreux et robuste,
Aborda plus d'emplois qu'un autre n'en rêva,
Aujourd'hui l'Ami Fritz et demain don Salluste.
Lafemas avant-hier et hier Almaviva !

Ton pouvoir de Protée, en toi seul, apparente
Clavaroche à Roswen, Fabrice à de Jalin ;
Pour le seul Marivaux tu fus deux fois Dorante
Et Tartuffe et Damis pour le grand Poquelin.

Pour le second Dumas, tu combattis sans trêve,
De son œuvre subtil ouvrier sans repos,
Et tu n'as de regrets qu'à renoncer au rêve
De combattre une fois encore sous ses drapeaux.

Tu quittes le théâtre, ayant créé cent rôles,
— Chiffre que nul de nous ne lit sans s'effrayer. —

Leur fardeau caressait tes vaillantes épaules,
Comme un manteau royal, sans les faire ployer.

Pour ton amour de l'art, tâche légère encore,
De tout ce qui le sert, serviteur éperdu,
Ce travail de la scène, obscur et qu'on ignore,
Pour d'autres tu le fis, et leur succès t'est dû !

Le public t'applaudit en eux, sans te connnaître ;
Dans l'artiste qui part, il regrette un plaisir ;
Dans l'ami qui s'en va, nous regrettons un maître,
Que nos efforts, en vain, ont voulu retenir !

IV

Quel orgueil de tomber debout, dans la bataille,
De la victoire encor te fermer le chemin ?
O Febvre, ces succès que tu fis à ta taille,
Ces bravos ne seront qu'un souvenir demain !

De ton front seulement le masque auguste tombe,
Les héros resteront que tu fis triomphants ;
D'autres voix les viendront réveiller dans leur tombe...
C'est toi qu'ils chercheront, tes glorieux enfants.

Comme le voyageur, au revers de sa route,
Avant la lassitude, étant venu s'asseoir,
Prête l'oreille encore au bruit du monde. Ecoute
Cette clameur du jour monter dans l'air du soir.

Ecoute encor ton nom répété par la foule,
Où vibre la tristesse immense des adieux ;

Et regarde passer, dans le fleuve qui coule,
De tes grands souvenirs le spectre radieux !

O Febvre, écoute encor la foule qui t'acclame,
Cette vibrante mer tressaillant à ta voix !
Les savoures-tu donc, sans un remords dans l'âme,
Ces bravos entendus pour la dernière fois !

Ils sonnent dans nos cœurs, comme un glas d'agonie,
Et tes derniers lauriers sont pour nous des cyprès.
A compter tes succès, oui, ta tâche est finie ;
Tu pars trop tôt, pourtant, à compter nos regrets.

A. SILVESTRE.

En écoutant Mlle Bartet prononcer les dernières prières, que de choses, durant cette minute si longue et si courte; que de doux et tristes souvenirs !.. J'avoue, pourtant, que je serais bien embarrassé de dire si ma pensée, en ce moment, se reportait plus volontiers en arrière, sur tout ce long chemin parcouru, ou si elle me montrait le présent, c'est-à-dire la liberté de suivre, désormais, en paix, une route dont le but est bien près d'être atteint...

Ce serait de l'ingratitude de passer sous silence la lettre suivante, qui me fut adressée par les ouvriers machinistes et employés du théâtre :

Les ouvriers machinistes et employés soussignés attachés au Théâtre-Français, à M. Frédéric Febvre, Sociétaire de la maison de Molière.

« Monsieur Febvre,

« Après une carrière laborieusement remplie, vous allez nous quitter ; nous perdons, en vous, un défenseur, qui soutenait le droit de la justice, en protégeant les petits.

« Avec ces sentiments innés en vous, monsieur, vous nous inspiriez à tous le respect, l'estime, la reconnaissance, que mérite l'homme de bien.

« Permettez-nous de vous exprimer, collectivement, tous nos regrets d'une séparation bien pénible.

« Puisse, dans l'avenir, la personne autorisée à vous succéder s'inspirer de vos bons sentiments à notre égard.

« Salutations très respectueuses de vos reconnaissants et dévoués. »

(*Suivent les signatures.*)

De tous les témoignages de regrets qui m'ont été adressés, celui-là n'est pas le moins précieux !

Pendant la représentation, Dumas vint me serrer la main ; et, c'est avec une vive émotion que je vis M. Doucet monter à ma loge.

Dans un long embrassement, il me fut enfin permis de donner à celui à qui je dois tant, pour ne pas dire tout, l'expression de mon inaltérable reconnaissance.

La salle était des plus brillantes; et, les preuves de sympathie, que voulurent bien me témoigner les spectateurs et les artistes, m'ont laissé un souvenir que je conserve précieusement.

Quand je pense qu'il y a eu des sociétaires qui ont donné plusieurs soirées de ce genre... j'admire, sans l'envier, cette force de caractère, ce peu de nervosité.

Le public ne se doutera jamais des émotions, de la peur effroyable, éprouvée par Mlle Lavigne et ce bon Dailly, aux répétitions et à la représentation des *Précieuses Ridicules*.

Mlle Yvette Guilbert, elle-même, ne put se retrouver qu'à sa seconde chanson.

Galipeaux essayait de faire bonne contenance; mais, dit-on, les poltrons chantent, quand ils ont peur.

Il est vrai que, quand ils chantent, même dans ces conditions, comme Mme Thuillier-Leloir, le public a peine à croire à cette terreur des artistes... lui, surtout, qui les couvre de ses bravos !.....

Mon vieux camarade Coquelin était venu, tout exprès, à Paris pour me prêter son précieux concours.

Mercredi 7 juin.

Banquet organisé par mes camarades, réunissant toute la Comédie-Française chez Ledoyen.

Le menu avait été agrémenté très spirituellement, par Alb. Lambert, d'un portrait de moi dans la Seiglière, rôle du marquis. Truffier avait composé des vers coquets et pimpants comme leur auteur.

En dehors de la comédie, il n'y avait que Mme Febvre, MM. A. Silvestre, Maréchal, Cadol, mes deux vieux amis.

Le menu se composait de :

Casserolettes de riz de veau à la Diderot.
Filets d'agneau à la Richelieu.
Poulardes Don Salluste.
Langoustes à la Clarkson.
Petits pois de Séville.
Haricots verts.
Bombe à la de Guise.
Gauffrettes.
Cerises de l'Ami Fritz.
Corbeilles de fruits, etc., etc...

Au dessert, ce fut M. Claretie qui prit la parole et voulut bien m'adresser le discours que je reproduis ici :

« Mon cher sociétaire,

« On a beau dire que les adieux sont touchants, émouvants, inoubliables, ils sont toujours tristes ; c'est pourquoi je ne veux pas, une minute, penser que nous sommes réunis ici pour ajouter une émotion ; et, puisque nous allons à Londres, dans quatre jours, un *Farewell* à votre éclatante représentation de retraite !

« Je me dis, simplement, que vos camarades se sont groupés autour de vous, pour vous donner un témoignage d'affection et de regrets. Je lève mon verre, en leur nom, pour porter votre santé. C'est, je crois, ce qu'il y a de moins triste, de plus consolant et de plus cordial.

« Vous avez été, pour la maison de Molière, un collaborateur précieux ; aujourd'hui, vous êtes son hôte. Un long discours ressemblerait à ces harangues académiques, où dans l'éloge le plus convaincu, se glisse toujours quelque chose de funèbre ; c'est pourquoi, mon cher sociétaire, je veux éviter tout ce qui pourrait donner à ce toast d'un jour d'été, une apparence de discours ; et, si j'avais cédé à ma simple inspiration, je vous aurais tout uniment dit un grand et profond merci, dans un affectueux serrement de main.

« Mais non, ce ne serait pas assez ; nous avons

beau être en famille, autour d'une table, dont la nappe blanche ne ressemble guère au tapis vert du comité, l'administrateur ne peut pas oublier qu'il parle à l'artiste éminent, à qui le théâtre doit vingt-sept années de glorieux services, et qu'il parle d'un comédien hors de pair à des nouveaux venus, dont votre existence d'art et de labeur doit servir d'exemple.

« Vous m'avez souvent dit que vous étiez fort ému, lorsque vos succès du dehors vous ouvrirent les portes de ce grand théâtre, où veulent entrer tous ceux qui n'y sont pas et où, parfois, se plaignent de rester ceux qui y sont.

« On peut dire de ceux-ci qu'ils se plaignent que la mariée soit trop belle, j'entends que la comédie soit trop bonne; vous aviez devant vous, en 1866, au moment de vos débuts, Leroux, Delaunay, Bressant, Lafontaine, et M. Garraud, votre vieux camarade du Havre, à qui j'envoie de loin un souvenir qui lui ira au cœur.

« Vous avez attendu, vous avez patienté, vous avez travaillé.

« Une de vos camarades vous disait d'un ton narquois, aux premières répétitions : « Nous ne « sommes plus ici au Vaudeville, monsieur »; vous vous contentiez de sourire; et, comme plus d'un ou plus d'une, que j'aperçois ici, vous prouviez tout doucement que la vérité, la simplicité, le pittoresque élégant, la vie moderne sont aussi du domaine de la Comédie-Française.

« J'ai eu un grand plaisir, hier, en relisant les articles, que je vous consacrais, en ce temps-là : je n'ai pas été mauvais prophète. Toujours je louais, dans la multiplicité et la variété de vos rôles, l'art des transformations uni à la conscience de vos recherches ; et, à chaque feuilleton, les mêmes mots revenaient sous ma plume : perfection, vérité, simplicité dans les moyens, puissance dans les résultats.

« Je ne savais pas encore, qu'à tous ces dons de nature, vous ajoutiez, à un degré admirable, un autre don de volonté, celui du travail ; on n'est pas un comédien de la Comédie-Française, sans travailler infiniment, sans travailler sans cesse.

« Là encore, vous avez été un exemple pour les jeunes acteurs qui vous ont suivi ; j'en sais beaucoup qui vous envient. Je voudrais en trouver quelques-uns qui vous imitent.

« Les jeunes gens, qu'ils me permettent de le leur dire, n'ont pas mangé d'un mets très coriace, mais très sain, qu'on ne nous a pas servi, aujourd'hui, et dont nous avons eu notre portion, autrefois, je veux dire la vache enragée ! La vache enragée n'est pas une nourriture ; mais, c'est un apéritif ; elle donne, à la fois, pour plus tard, l'appétit et du talent.

« Vous en avez eu votre part et vous l'avez gaiement dévorée, avec cet esprit alerte et résistant, que vous avez apporté à toutes vos entreprises.

« Et c'est ainsi qu'à un âge, où l'on reste militant, vous pouvez vous retirer, ayant joué près de trois cent rôles, c'est-à-dire plus de mille actes, interprété quatre-vingt-seize auteurs, et appartenu à onze théâtres, sous dix-neuf directeurs.

« De ces directeurs-là, c'est le dernier qui est resté votre administrateur, après avoir été votre critique, et qui vous remercie, au nom de l'art dramatique et au nom de la Comédie-Française. Vous êtes las, dites-vous de tant d'années de labeur, et vous avez des appétits de repos et de voyage. Vous avez voulu reprendre votre liberté, jouir d'une indépendance bien gagnée !... J'ai fait de mon mieux pour vous retenir, et je n'oublierai jamais quel collaborateur précieux vous avez été sur la scène, et à l'avant-scène ; vous aviez le goût, la curiosité, le sens de la vie, et cette qualité, qui semble secondaire au théâtre, et qui est une vertu, la ponctualité.

« Être un grand artiste à ses heures, c'est bien ; être un grand artiste, à heure fixe, c'est inappréciable ! Vous aviez aussi une qualité qui me plaisait : la sympathie pour les petits.

« Moi seul puis savoir combien de fois vous avez plaidé, auprès de moi, la cause de vos plus humbles collaborateurs. Vous en ont-ils tous su gré ?.. Je veux le croire. Dans tous les cas, après le plaisir de faire le bien, il y en a un autre un peu plus amer, mais, délicieux aussi, c'est celui de faire des ingrats.

« Ingrat vous ne l'avez jamais été pour cette grande maison, qui vous a donné la gloire, mais, à qui vous avez donné, vous, vingt-sept ans de votre talent supérieur et de votre labeur vaillant.

« Vous lui devez bien quelque chose, sans doute; mais, elle vous doit beaucoup et c'est en son nom que je salue, avec tristesse, votre départ prématuré.

« Ce n'est pas sans une profonde mélancolie que je vois s'éloigner de la scène, qu'ils ont illustrée, les meilleurs et les plus glorieux. Je sais bien que le public se crée à lui-même des auteurs et des acteurs nouveaux ; mais, ce ne sont pas les nôtres, ce ne sont pas ceux de notre jeunesse.

« On a toujours une tendresse pour les pièces et les comédiens de ses vingt ans.

« Il ne faut pas, du reste, tomber dans le défaut que nous reprochions à nos aînés et croire ou dire que tout finit avec nous ; chaque année nouvelle a son printemps. Il y a des printemps aigres, des printemps frileux, des printemps glacés ; mais, c'est le printemps ! Et ces printemps-là auront leur moisson à l'automne.

« Vous avez, mon cher Febvre, la coquetterie de

quitter le champ avant l'hiver, vous comptez une jolie gerbe de succès; mais, vous avez voulu acquérir et emporter nos regrets. Vous aviez tant de succès encore à nous donner, avant de nous dire adieu ! Mais, encore une fois, je ne veux pas attrister ce matin de fête, et je vois encore Mme Febvre, pleurer d'émotion aux vers touchants de mon ami Silvestre. Nous ne sommes pas ici pour verser d'autres larmes que celles du champagne. Je crois bien que vous regretterez, plus d'une fois, la maison ; votre Administrateur vous regrettera toujours. Si j'insistais, nous nous attendririons et je ne veux que porter votre santé, au nom de tous.

« Au nom de tous, je bois à vous et au souvenir des vingt-sept années que vous avez données à la Comédie-Française.

« J. Claretie. »

Après ce discours, qui m'avait vivement ému, et dont je remercie encore mon cher administrateur et ami Claretie, je me levai, à mon tour, et répondis en ces termes :

« Mesdames, messieurs, chers camarades,

« Je ne saurais vous dire combien je suis flatté, et doucement ému, en voyant réunie cette brillante assemblée d'artistes, dont j'ai eu si souvent l'honneur d'être le collaborateur.

« Merci, d'abord, à notre cher administrateur, des touchantes paroles qu'il vient de m'adresser, et dont je conserverai toujours le souvenir.

« Merci à vous tous, chers camarades, d'être venus me serrer la main, une dernière fois, le soir de ma représentation de retraite.

« Ce serait, vraiment, trop d'ingratitude, si j'oubliais de remercier, aussi, mon ami Silvestre, qui, en écrivant les vers qui m'ont tant ému, a fourni à ma gracieuse camarade, Mlle Bartet, l'occasion d'un succès nouveau.

« En me reportant à mes débuts, il me semble que c'était hier ; je constate, avec tristesse, que beaucoup de ceux qui ont bien voulu m'accueillir, à l'arrivée, sont absents, hélas ! à l'heure du départ.

« Que de belles soirées; que de travaux intéressants, pendant le cours de ces trop rapides vingt-sept années ! Chaque fois qu'un de nos illustres camarades disparaissait, quelque grand que soit le vide qu'il laissait après lui, on serrait les rangs, et telle est la force de vitalité de notre chère maison (où nul n'est indispensable !) qu'elle continuait sa route glorieuse, fière du passé, honorant ses morts, mais, ouvrant aux jeunes tous les chemins de l'avenir ! . .

« Ce n'est pas sans regrets, croyez-le bien, mes chers camarades, ce n'est pas d'un cœur léger, que je me sépare de vous ; mais, il faut bien se l'avouer, dans cet art tout de jeunesse et de passion, alors qu'il est si difficile de conserver une réputation intacte, alors qu'on sent, avec les années, que si la conception est plus sûre, les moyens d'exécution ne sont pas toujours à la hauteur de la volonté, on réfléchit mûrement, et, soucieux de sa dignité, on se dit qu'il est sage de préférer entendre dire : Déjà... que ce mot cruel : Enfin !...

« Quelqu'un a dit, en parlant de moi, *un parvenu !* Oui, messieurs, un parvenu... et j'en suis doublement fier ; car, parvenir, dans cette noble maison, c'est réussir deux fois !

« Je ne veux pas dire, cependant, que si ma carrière était à recommencer, je suivrais la même route ; non certes !

« Car, prendre par le théâtre Beaumarchais pour arriver rue Richelieu, n'est pas le chemin le plus court et le plus facile... et, si les années passées, dans onze théâtres, à jouer de pâles et jeunes seigneurs sans importance, je les eusse employées à faire mes études au Conservatoire, j'y aurais appris, de bonne heure, cette grammaire de l'art, que rien ne saurait remplacer ; car, seule, elle donne au comédien cette qualité maîtresse : le style !...

« Mais, grâce à la haute bienveillance de M. Camille Doucet, auquel je suis heureux d'adresser ici l'expression de ma profonde gratitude, il m'était donné d'entrer dans ce beau théâtre, auquel je n'avais jamais osé songer, et d'y apprendre au contact des maîtres, dans un travail de chaque jour, ce qui me restait à apprendre... c'est-à-dire *tout !*

« Je termine, messieurs.

« Je vous suis reconnaissant d'avoir fait revivre cette bonne et fraternelle tradition, qui consiste à ne pas se séparer, après tant d'années passées ensemble, sans se serrer la main et se dire un dernier adieu !

« Grâce à cette réunion familiale, il m'est permis d'emporter, dans la retraite, le souvenir de cette heure inoubliable, où, en vous disant encore merci du meilleur de mon cœur, je puis vous assurer de mes sentiments les plus affectueux et les plus dévoués.

« Je bois à la Comédie-Française, à ses succès, à sa prospérité, à notre cher administrateur, à notre éminent doyen, à mes belles camarades, et à vous tous mes chers amis.

« F. FEBVRE. »

Enfin, pour éviter, comme le disait M. Claretie, de tomber dans une note trop attendrie, mon cher camarade Coquelin cadet prononça le petit discours que voici :

« Mon cher Febvre,

« C'est comme médaillé militaire, au nom de l'armée française, que je demande à te porter un toast tout spécial, pour la façon, remarquablement pittoresque, dont tu as joué les colonels et généraux à la Comédie-Française.

« Tu as toujours réussi dans ces rôles, où tu étais parfait, ce qui ne t'empêchait pas d'être excellent dans les autres : élégance, bonhomie, finesse, émotion, bravoure, tu avais tout, et, à chaque bataille des premières, tu as toujours mérité d'être porté à l'ordre du soir. On ne pouvait pas dire de toi : « mort au champ d'honneur », mais, « vécu au champ d'honneur », ce qui vaut mieux.

« Après t'avoir applaudi, dans tes soldats si charmants et si vrais, tous les spectateurs demandaient l'Annuaire au café du Théâtre... ça, c'est le succès !

« Je te devais donc ce toast militaire, mon cher Febvre. Je porte mon verre devant toi, comme on porte les armes à un victorieux.

« Et tu me permettras de terminer par un de ces jeux de mots, que tu as tant cultivés et tant aimés.

« M. Carnot pouvait dire, quand tu jouais un rôle de soldat : « Allons, je suis tranquille, l'honneur de

« l'armée sera bien représenté, ce soir, au Théâtre-
« Français : *le* général *Febvre y est.* »

« Je bois à toi, mon ami Febvre.

« CADET. »

Quatre jours après, nous partions pour Londres, où la Comédie donna des représentations au Drury-Lane, sous la direction de M. Grau et de sir Augustus Harris.

Le 1er juillet, je n'appartenais plus au Théâtre-Français. Le prince de Galles eut la bonté de me recevoir en audience privée : ce qui me permit, en prenant congé de Son Altesse, de l'assurer de nouveau de ma gratitude pour toutes les marques de haute bienveillance que j'avais reçues de lui.

Laissant, après moi, la Comédie continuer ses représentations, je rentrai à Paris ; car, avant de prendre un repos bien gagné, il me fallait encore préparer le travail d'une tournée d'Europe, que je devais entreprendre, le 12 octobre de cette année.

La dernière représentation, où j'aurai eu l'honneur de paraître avec la Comédie-Française, aura été *le Marquis de la Seiglière* sur la scène de Drury-Lane.

Le nombre des ministres que, comme membre du comité, il m'aura été donné de saluer, à chaque nouvel an, est si considérable que, pour les compter, j'avais imaginé de déposer, après chaque visite, un de mes gants dans une caisse. J'ai dû renoncer à ce moyen, pour deux raisons : la boîte devenait insuffisante, et mes appointements y eussent passé.

L'une de ces éphémères Excellences déplorait, un jour, devant moi, l'abus des représentations données en province par certains sociétaires.

— De tout temps, lui répondis-je, cet abus a existé; seulement, autrefois, il n'y avait pas de chemin de fer, et certaines escapades qu'on voit se produire, maintenant, se seraient trouvées empêchées, jadis, par la difficulté des distances à parcourir... mais, aujourd'hui, que voulez-vous faire ?

— Quand un sociétaire a répété jusqu'à 4 heures, et, qu'en quittant son théâtre, il prend un train qui le conduit à Rouen, je suppose, où il donne une représentation en courant, le lendemain, il est à son poste, à heure fixe... L'administrateur général ne peut cependant pas attacher un gendarme à la personne de ces quelques artistes poussant, plus loin qu'il ne convient, l'amour de la locomotion.

En dehors du succès, que va donc chercher ce comédien en déplacement continuel ? — l'argent. Mais, si le Théâtre-Français payait ses comédiens comme il convient, c'est-à-dire si ces sociétaires, dont le sort est si envié, et dont la véritable situation est inconnue du public, au lieu de travailler pour nourrir une nuée de parasites, dont le nom n'a aucune signification sur l'affiche et qui ne doivent d'appartenir à la maison, ou de s'y maintenir, que grâce à de banales sentimentalités ou de hautes protections; si ces sociétaires formaient une compagnie ne comprenant que des associés, c'est-à-dire supprimant les pensionnaires; si on n'admettait plus que des intéressés, tous les petits emplois seraient tenus, à tour de rôle, par des artistes de talent, ayant tout intérêt d'offrir, aux auteurs et au public, une belle et bonne distribution.

Le résultat, alors, est facile à prévoir, puisqu'il permettrait de diminuer un budget, qui est arrivé au chiffre rondelet de *dix-sept cent mille francs*, chiffre où les pensionnaires, au nombre de vingt-neuf, figuraient, au 1er janvier 1886, pour une somme de *deux cent douze mille sept cent trente-trois francs*.

Mme Léonide Leblanc y était inscrite pour six mille francs; mais, il est bien évident que l'engagement de cette artiste est une fantaisie, dont on ne peut rendre l'administrateur responsable...

En 1887, pensionnaires, *cent soixante-douze mille francs*.

En 1888, *cent cinquante mille francs*.

Si le chiffre diminue, c'est grâce à l'entrée dans la société de certains pensionnaires, devenus sociétaires.

Vingt-huit sociétaires touchaient, de leur côté, 232.000 francs, ce qui donnait le total respectable de *trois cent quatre-vingt-deux mille francs*. Je passe sur le chapitre indemnités, toilettes des dames, qui est arrivé tout doucement à *96.463 francs*.

Et tout cela tient à une seule raison, l'encombrement excessif des cadres.

Notez que je me suis arrêté à l'année 1888 et que, depuis, l'administrateur, débordé par les recommandations de ceux-ci, les protections de ceux-là, voit avec stupeur la troupe s'augmenter sans cesse, pendant que s'accroît la rotondité d'un budget, qui est un danger permanent, en face des fluctuations de la politique et de l'imprévu des événements.

Il est aisé de se rendre compte qu'alors que la Comédie n'aurait plus, pour la servir, que des co-associés, c'est-à-dire des intéressés à ses succès, à sa prospérité, il deviendrait beaucoup plus difficile, à *ceux qui protègent sans bourse délier*, de faire admettre leurs protégés comme sociétaires qu'au titre de pensionnaires.

Et la pension, me dira-t-on ?... Mais, puisque, depuis quelques années, par une tolérance dont l'usage semble avoir constitué un droit, les pensionnaires touchent également une pension, de ce côté, il n'y aurait rien de changé que ceci : l'observation du décret de Moscou.

L'intérêt particulier primé par l'intérêt général, voilà quel devrait être le mobile de cette république aristocratique; mais, hélas! si le résultat, à la fin de l'année, peut paraître un peu minime à certains, d'autres, plus habiles, grâce à l'exploitation de congés prolongés... ayant prévu ce maigre résultat, se sont assuré des bénéfices, qui leur rendent très *supportable* l'audition du rapport de fin d'année. — De là, une certaine indifférence en matière administrative... *Ils laissent faire*... et, à mesure que le nombre des artistes grossit le tableau de troupe et augmente les frais, les sociétaires consciencieux, les vrais serviteurs de la maison, voient les bénéfices devenir, pour eux, de plus en plus aléatoires...

Si la besogne se faisait en commun, il serait bien plus difficile aux irréguliers de s'échapper, de courir la province ou l'étranger, étant retenus par un service qui rendrait nécessaire la présence de presque tous les artistes, n'ayant plus derrière eux de pensionnaires pour les suppléer.

Ce qui ne supprimerait pas, pour cela, les congés réguliers, qui seraient donnés, mais, *à tour de rôle*, sans que le service puisse en souffrir, ou que le public soit exposé à certaines distributions, que seul le soleil peut faire éclore !

Dans ce nouveau mode gouvernemental, l'administrateur serait délivré de cette responsabilité des engagements, se trouvant en face de son comité, et, par cela même, pouvant se soustraire à toutes les influences.

En relatant, ici, ce projet de réformes, je n'ai aucune illusion; mais, peut-être, les *jeunes* qui, bientôt, vont être les maîtres, comprendront-ils qu'il est temps de faire passer l'intérêt de la maison avant le leur. Je le souhaite. Ils sont sur un terrain qu'il faut ensemencer de nouveau et où il ne faut pas que les jeunes pousses vivaces s'étiolent à l'ombre de ce *qui a été* ou qui est bien près de n'être plus...

Le temps est passé, où Mlle Clairon reparaissait à la Comédie, quarante années après sa sortie du théâtre; et, comme je l'ai dit, ce n'est pas en fouillant éternellement dans le passé, si *glorieux qu'il soit*, que l'on préparera l'avenir.

Avant de clore ces souvenirs par un tracé rapide de mon voyage en Europe, j'éprouve le besoin de dire quelques mots de ce foyer de la Comédie-Française, que tant de grandes et nobles figures, de hautes personnalités ont honoré de leur présence.

Autrefois, pour être admis dans ce salon, il fallait être présenté par l'administrateur ou le semainier de service. Tout cela a bien changé, avec les abonnements du mardi et du jeudi ! Autrefois, le visiteur ne se présentait jamais qu'en habit... Les mœurs démocratiques ont amené un certain relâchement dans la tenue des familiers de la maison, et c'est grand dommage !

Car, il faut bien le dire, les comédiens qui nous ont précédés ont été plus favorisés que nous.

Ils avaient sous les yeux des modèles de tenue et de correction, dont l'enseignement manque à la génération actuelle ; et j'imagine, sans être excessif, que les soirs où MM. de Richelieu, de Duras, d'Aiguillon, etc., etc... j'en passe et d'illustres ! que les soirs où ces grands seigneurs rendaient visite aux comédiens, ceux-ci ne pouvaient que gagner à cette aristocratique fréquentation.

Maintenant, sauf quelques exceptions, il faut que l'artiste reconstruise *de chic*, comme on dit à l'atelier, ce que pouvait être un grand seigneur, au siècle dernier.

Un soir, pendant les plus dangereux moments de la Terreur, un vieux gentilhomme, qui adorait le foyer de la Comédie et qui risquait sa vie pour y venir passer quelques instants, choqué de voir un des artistes lui parler le chapeau sur la tête, et du ton de la plus mauvaise compagnie, lui dit ce mot exquis :

« Pardon, monsieur ; mais, je ne saurais supporter que vous me parliez ainsi, *maintenant que tous les hommes sont égaux !* »

Je me souviens d'avoir fait les honneurs de ce foyer à Sa Majesté l'empereur Alexandre, le père du souverain, que pleure, en ce moment, l'Europe entière.

— J'ai en Russie, me dit Sa Majesté, un beau théâtre ; j'ai de bons artistes... puisqu'ils viennent de France ! mais, un salon comme celui-ci... je l'avoue... je ne l'ai pas !

Alors, montrant au Czar les portraits qui nous entouraient, je répondis :

— Ce qui fait, Sire, que ce foyer est unique, et que cette galerie de portraits est notre gloire : c'est qu'en regardant les copies, nous avons l'orgueil de penser que la Comédie a possédé les originaux.

— C'est juste, monsieur, répondit l'Empereur ; et, comme il me priait de le faire sortir, en évitant la foule des curieux, je le fis descendre par l'escalier de l'administration.

Pendant qu'on allait chercher un simple fiacre, Sa Majesté entra chez Mme Bray, alors concierge. Voyant que l'Empereur avait tiré de sa poche un cigare, la pauvre femme avait vivement allumé une bougie, qu'elle tendit au souverain...

Mais, trop émue... son bras, agité de mouvements nerveux, rendait inutiles ses bons offices.

Le Czar, en souriant, prit lui-même le flambeau et, après qu'il eut allumé son cigare et donné un double louis à la malheureuse femme, désolée de sa trop respectueuse maladresse, il me remercia et s'engouffra dans le modeste véhicule...

J'eus l'honneur de servir de chevalier, dans ce même foyer, à Sa Majesté la reine de Danemark, et à Son Altesse la princesse de Galles, à l'archiduc Maximilien, à don Pedro, empereur du Brésil, aux grands-ducs héritiers de Russie, au prince d'Hohen lohe, alors ambassadeur à Paris, à toute la légation de Chine, au grand-duc de Saxe-Weimar, à Lord Lytton, ambassadeur d'Angleterre, à la marquise de Salisbury, à M. de Nigra, ambassadeur d'Italie, à M. Carnot... et, ne voulant pas être irrespectueux, je n'ose ajouter *et cœtera.*

Parmi les compositeurs de musique, nous avions la bonne fortune de compter, au nombre de nos fidèles, MM. Auber et Gounod.

Je me souviens que, le jour du convoi de Rossini, on donnait *Mademoiselle de Belle-Isle;* M. Auber s'était tenu toute la journée debout; aussi, le voyant descendre sur la scène, je fis signe à l'huissier d'approcher un fauteuil.

— Merci, me répondit-il.

— Mais, vous devez être fatigué, cher maître.

— Moi, pas du tout; et, il ajouta : *Je recommencerais tout de suite !*

Le matin, pendant la cérémonie, il avait dit à M. Perrin :

— Dites donc, Perrin, c'est moi qui suis le plus vieux de tout ce monde-là... Je crains fort d'être venu ici pour la dernière fois... *en amateur !*

Ce à quoi M. Perrin avait répondu :

— Oh! maintenant que vous n'êtes pas mort... vous n'avez plus de raisons pour mourir... Dieu vous a oublié...

— En pareil cas, c'est le seul de qui l'oubli soit un bienfait... c'est égal... je suis bien vieux !...

Mais, tout à coup, regardant autour de lui, il ajouta :

— Ambroise Thomas a bien mauvaise mine !

— C'est vrai, répondit M. Perrin, il me paraît changé !

— Oh! il a toujours été changé, repartit l'auteur du *Domino noir*...

Quand on vint annoncer à Auber la mort de

Meyerbeer, après un instant de silence, il murmura :

— Grande perte !... il avait *un frère* qui faisait de bien mauvais opéras-comiques !... Allons ! c'est le tour de ce pauvre Rossini !

C'est encore lui qui, sollicité d'entendre une jeune pianiste, et s'étant endormi pendant qu'elle jouait une interminable symphonie, disait en s'éveillant :

— C'est très bien, mademoiselle ; mais, vous avez joué la première partie avec beaucoup plus de brio et de force que la seconde.

Et, comme le papa de la jeune virtuose essayait de protester :

— Mon Dieu, cela s'explique, ajouta M. Auber, elle était bien plus jeune pendant la première partie !...

C'est au foyer de la Comédie que j'ai entendu raconter ce mot charmant de Rossini à Meyerbeer :

Tous deux se promenaient dans les couloirs de l'Opéra, on donnait *Robert le Diable*. Tout en marchant, Meyerbeer prêtait une oreille complaisante aux sonorités de l'orchestre.

Comme il se plaignait à Rossini d'être mal portant, l'auteur du *Barbier*, qui avait remarqué les distractions de son illustre collègue, lui répondit :

« Je crois que vous vous écoutez trop ! »

M. Aubert demandait, un soir, à la Comédie-Française, à un jeune prix de Rome, de mes amis :

— Etes-vous républicain ?

— Mon Dieu, cher maître, répondit le lauréat, qui allait partir pour la ville éternelle, je n'ai pas d'opinion politique !...

— Ah !... Eh bien, fit l'auteur de *la Muette*, il ne faut pas être républicain ; l'art est d'essence absolument aristocratique : et puis, sous la République, les subventions sont toujours menacées...

A propos de subventions, je lis, dans des notes du temps, ce passage assez curieux :

La suppression des jeux dans les maisons publiques (21 décembre 1837) a privé les théâtres royaux d'une partie de leurs subventions. On prélevait sur la somme de *1.160.000 francs*, un douzième pour les théâtres et l'administration de l'hospice des Quinze-Vingts.

Dans ces mêmes notes, je transcris, également, ce renseignement :

12 janvier 1790, la municipalité de Paris ordonne qu'on n'entrera plus au théâtre de la Nation avec cannes, parapluies, bâtons, épées.

Le premier vestiaire de la Comédie-Française fut confié à Mme Seveste, la mère d'Edmond et Jules

Seveste, directeurs des théâtres de la banlieue de Paris, et parente de ce pauvre Seveste, l'artiste de la Comédie-Française, blessé mortellement en 1870, et qui mourut dans ce foyer de la Comédie-Française, jetant un long et triste regard sur la croix de la Légion d'honneur que lui avait méritée sa belle conduite, et que la main de ses camarades avait pieusement attachée au pied de son lit.

Un soir, M. de Rémusat nous conta ceci :

Les comédiens français avaient prié M. de Rémusat de se plaindre à l'Empereur de l'abus des entrées de faveur des fonctionnaires.

Napoléon Ier répondit en s'inscrivant pour 12.000 francs, en augmentation du prix de sa loge, donna l'ordre que toutes les personnes attachées au gouvernement eussent à imiter proportionnellement son exemple. La recette éprouva une élévation de 80,000 francs par année.

Si M. le président de la République, dans sa sollicitude, voulait un jour parcourir la liste des personnages officiels qui jouissent gratuitement du plaisir d'applaudir les comédiens de la rue Richelieu, peut-être le souvenir de Napoléon lui inspirerait-il un généreux mouvement.....

Peut-être aussi les ministres, de leur côté, suivraient-ils cet exemple, qui amènerait une sage et utile réforme.

On ne parlait jamais politique au foyer ; on y jouait aux échecs..... La politique, sauf de rares exceptions, est un terrain peu profitable aux comédiens qui ont voulu manier cette arme à deux tranchants.

Que de fois ne m'a-t-on pas raconté que Michelot, un célèbre sociétaire, ayant posé sa canditature au club des artistes, comme candidat à l'Assemblée nationale, un journaliste de l'époque imprima : *On ne dit pas pour quel emploi.*

Pendant les derniers jours de l'Empire, nous avions un vieil habitué qui faisait notre bonheur, en nous racontant toutes sortes d'anecdotes, et qui savait beaucoup de choses relatives au théâtre.

C'est par lui que j'ai appris que le premier transparent, moyen de publication si fort en vogue de nos jours, avait été inauguré par l'Ambigu, en octobre 1834, avec un drame dont le titre était *le Juif-Errant !*

C'est ce même amateur qui, au lendemain du succès d'une pièce, qu'il eût mieux valu que la Comédie-Française ne jouât pas, me mettait sous les yeux ces quelques lignes d'un célèbre critique :

« Un succès, obtenu à la Comédie-Française, contre les principes, est pour la littérature une calamité publique.

« Le plaisir est resserré dans les entraves de la vraisemblance. L'art exerce une police sévère sur toutes les jouissances qu'on éprouve, et l'on ne doit s'y livrer aux mouvements les plus violents du cœur qu'avec l'approbation de la raison et du bon sens. »

Mais, mon Dieu, qu'il serait donc difficile de faire admettre cette théorie à l'auteur qui fait le maximum, alors même que son ouvrage serait une calamité publique !

Je demandais, un jour, à M. Perrin, qui, le matin même, avait eu une violente discussion avec une artiste, dont le talent est de beaucoup supérieur à l'esprit :

— Mais, pendant qu'elle vous accablait d'injures, que faisiez-vous, cher administrateur ?

— Je la regardais vieillir, me répondit-il !

Le docteur Ricord venait, quelquefois, bavarder avec nous, pendant les entr'actes ; et, puisque je parle du célèbre spécialiste, un jour, voyant entrer dans son cabinet un vieillard âgé de plus de quatre-vingts ans :

— Et d'abord, avant tout, monsieur, mes compliments !!! dit-il au visiteur.

Comme il se rendait, un soir, à une fête où il était prié, le domestique qui lui retirait son pardessus dit au docteur, le prenant pour un artiste, grâce à son visage soigneusement rasé comme celui d'un comédien :

— Monsieur vient pour la soirée ?

— Naturellement !

— Monsieur joue dans la petite pièce ?

Comprenant l'erreur du valet :

— Non, mon ami, répondit-il, je ne joue pas ce soir, moi ! Je n'interprète jamais qu'une seule et même pièce : *Le jeu de l'amour et du hasard !*

Parmi les hôtes assidus de ce foyer, venait quelquefois un général très en vue, qui, entre deux entrées, nous en contait *une bonne*, comme disait Villemessant !

Ce galant militaire avait pour amie une demi-mondaine très jalouse ; rencontrant son ami le duc de G..., il lui fait part de son embarras et de ses craintes :

— Oh ! je suis bien ennuyé, mon cher duc... donne-moi un conseil... Quand la petite va savoir que ma femme est dans un état intéressant, que lui dire ?

— Dis-lui que c'est de moi ! répondit le duc.

C'est ce même général qui, doué d'une rare philosophie, en matière de fidélité conjugale, proclamant lui-même ses infortunes, disait, un soir, en soupant, à un de ses collègues du club :

— Mais, dis donc, toi aussi, tu as été l'amant de ma femme ?... Inutile de nier, je le sais.

— En tout cas, répondit l'ami, je l'ai su avant toi, et je ne t'en ai jamais parlé, moi !

Parmi les amis de la maison, un médecin de talent, doublé d'un excellent homme, le docteur Firmin, ne venait jamais nous dire bonsoir, sans nous apporter une anecdote, un trait de caractère, ou une répartie amusante.

C'est lui qui nous contait cette particularité, que Léon Pillet, alors qu'il était directeur de l'Opéra, avait acheté à Richard Wagner le livret du *Vaisseau fantôme*, mais qu'il avait confié le soin d'en écrire la musique à Dietch !

Ce souvenir de l'Opéra me ramène à un de nos plus fidèles, Gounod.

Quand il venait, on manquait toutes les entrées;

s'il se mettait au piano, les entr'actes duraient plus longtemps que les actes ; quel charmeur !

Le vrai bonheur, c'est quand il montait dans ma loge, fumer sa pipe, tout en causant :

Quelle joie de l'entendre parler de Mozart, son Dieu ! Quelle facilité d'élocution ! Une fois bien parti dans son sujet, c'était exquis de l'écouter... Jamais une tournure de phrase banale, jamais un lieu commun.

C'est lui qui me racontait ce mot bien curieux :

— Je demandais, un jour, à Rossini, s'il avait connu Beethoven.....

— Je l'ai connu, répondit l'auteur du *Barbier*.

— Quel homme était-ce ?

— C'était un homme... qui n'aimait pas ma mousique ! Il était vieux, pauvre, complètement sourd, et habitait un faubourg de Vienne. Je fus le voir ; il me reçut mal... il n'aimait pas ma mousique !... Ah ! quel homme ! le premier mousicien !

— Le premier, fit Gounod, un peu surpris... et Mozart ?

— Oh ! celui-là..... C'est le seul ! ajouta Rossini.

Pendant la représentation de *Cinq-Mars*, à l'Opéra-Comique, un soir que je reconduisais Gounod, qui demeurait, à cette époque, rue La Rochefoucauld, nous eûmes un entretien qui nous mena jusqu'à

2 heures du matin, moi le ramenant à sa porte, lui me redescendant jusqu'au boulevard.....

— Il y a, surtout, disais-je au maître, un détail d'orchestre bien curieux, à l'acte de la chasse, pendant que les jeunes seigneurs conspirent contre le Cardinal, et que le père Joseph les observe... vos cors sonnent... sol sol sol fa sol la sol fa sol la sol et les contrebasses font ré bémol... Ré ré ! Je ne peux pas vous dire l'effet que m'a fait votre ré bémol !

— Vous l'avez remarqué, répondit Gounod, c'est gentil, c'est d'un ami ! Voyez-vous, mon cher Febvre, il fait beau soleil, tous ces jeunes gens ont vingt ans !... Ils sont en sol... mais, pendant qu'ils chantent sol sol sol sol fa sol la sol, l'autre, dans son coin, dit : allez, jeunes gens, conspirez... moi, le ré bémol, je suis là, je vous guette ; il ne faut pas s'y fier à mon ré bémol, c'est un mouchard !

Pour peindre sa pensée, il avait quelquefois des images bien amusantes : c'est lui qui, un soir, dans un salon, enfoui dans un fauteuil, silencieux depuis quelques instants, se leva tout à coup, et, au milieu du silence, s'écria :

— Il n'y a pas d'erreur possible ! Dieu est en ut !

Quand il était à Rome — me contait-il, un soir, au foyer — de la terrasse de l'académie, il restait des heures à contempler le coucher du soleil. admirant ces lueurs magiques, *cette poudre de béatitude écrasée ?*

Un autre fervent, disparu aussi, hélas !... Trélat, le grand chirurgien, nous raconta ceci :

Un monsieur, qui lui était recommandé, était venu le consulter; il souffrait de brûlures intérieures; en un mot, il avait une violente inflammation de l'estomac :

— Je lui avais conseillé, nous dit-il, peu d'aliments, pas de légumes, pas de café, encore moins de liqueurs, et un *seul* cigare après son repas.

Au bout de quinze jours, il vint me trouver :

— Eh bien ! comment vous sentez-vous ?

— Bien, bien, docteur; il n'y a qu'une chose à laquelle je ne peux m'habituer, et qui me donne de violentes nausées : c'est ce diable de cigare !

— Vous ne fumez donc pas ?...

— Je n'ai jamais fumé !

Parler des habitués du foyer de la Comédie-Française, sans dire un mot de mon pauvre ami le comte Lepic, serait un fâcheux oubli.

Long, mince, serré dans son éternel habit bleu

à boutons d'or, d'une politesse excessive, d'une obligeance à toute épreuve, aimable convive, causeur intéressant, toujours la main ouverte pour donner... tel était l'ami que je regrette et auquel j'emprunte le récit suivant :

Un célèbre sociétaire de la Comédie-Française avait demandé et obtenu de l'empereur Napoléon III la faveur d'une audience particulière.

Il s'agissait d'un jeune homme, que la publication d'un pamphlet, d'une extrême violence, avait fait condamner à la déportation, et c'est pour ce malheureux que le comédien venait implorer la clémence impériale.

— Quel âge a-t-il ? demanda l'Empereur ?

— Vingt ans, sire.

— ... Une mère !

— Une mère désolée, et dont il était l'unique soutien.

— Du talent ?

— Oui, Sire... beaucoup de talent !

— Quel malheur de ne pas l'employer plutôt à faire une belle pièce, un beau livre. Le théâtre de M. Hugo sera plus durable que les *Châtiments*.

Et, comme l'artiste avait placé sous les yeux de l'Empereur, avec une supplique de la pauvre mère, une sorte de petit dossier, que Napoléon parcourait attentivement...

— Veuillez attendre un instant, monsieur, dit-il à l'artiste; je vais vous donner une lettre, que vous allez porter vous-même au ministère de la marine.....

La lettre achevée et cachetée, l'Empereur la tendit au sociétaire qui, après avoir chaudement remercié le souverain, salua et prit congé... Comme il était sur le seuil de la porte, Napoléon III, avec une extrême douceur, ajouta ces mots :

— Mais qu'il n'en fasse plus !...

La lettre autographe du souverain, remise au ministre lui-même, parut plonger ce dernier dans un profond étonnement.

— Après que les sonneries électriques eurent mis en mouvement un nombre respectable de chefs de bureau :

— C'est fait, monsieur, dit-il à l'artiste; les ordres de Sa Majesté sont exécutés.

— Serait-ce indiscret, Excellence, ajouta timidement le comédien, de vous demander ce que contenait la lettre de l'Empereur ?

— Il ne vous a rien dit ?

— Non, monsieur le ministre.

— Eh bien ! voici ce qu'elle contenait : l'ordre de télégraphier immédiatement à Toulon qu'on mette en liberté votre protégé, et, dans le cas où le bateau, qui emporte le condamné, serait parti, d'envoyer de suite un aviso à sa recherche, afin de le ramener, sain et sauf, à Toulon.

Tout fut fait comme l'avait voulu Napoléon.

Le poète se sera-t-il laissé toucher par tant de générosité, ou aura-t-il ajouté son nom à la liste de tant d'autres ingrats??... Je ne sais ; on nous a dit qu'il touchait une pension, comme les victimes du 2 décembre... Tout est possible... mais, c'est égal... s'il en est ainsi... c'est d'une gaîté macabre !

Ce serait un coupable oubli, en terminant ce chapitre sur le foyer de la Comédie-Française, de ne pas citer au nombre de ses familiers, le prince de Sagan qui, de concert avec M. E. Perrin, eut l'idée géniale de l'abonnement des mardis et des jeudis.

Le prince est un grand ami de la maison ; chaque fois qu'il a pu être utile ou agréable aux artistes, on l'a toujours trouvé. Il est d'une active obligeance... et c'est une des rares physionomies vraiment originales de notre époque. Son élégance, il ne la doit pas à la mode ; la mode, c'est lui qui l'impose... et c'est elle, au contraire, qui subit docilement son caprice, qui obéit à ses ordres.

VOYAGE D'EUROPE

Départ de Paris, le jeudi 12 octobre 1893.

La troupe se composait de quinze artistes.

Le répertoire comprenait : *le Demi-Monde, le Père prodigue, l'Ami Fritz, Julie, Tartuffe*, et un spectacle de petites pièces.

Itinéraire : Versailles, Le Havre, Rouen, Abbeville, Lille, Bruxelles, Charleroy, Ostende, Anvers, Verviers, Metz.

A Metz, nous donnions *Tartuffe* et *l'Ami Fritz*. Par une faveur inexplicable, *Tartuffe*, qui était interdit, m'était rendu, et j'avais l'autorisation de jouer *l'Ami Fritz*, sans coupures. C'était d'une grande amabilité, ou d'un profond dédain !

Les officiers allemands occupaient les deux avant-scènes de droite et de gauche. Les Français avaient loué presque toute la salle, qui était comble.

J'avais le cœur serré ; dans la journée, j'avais rencontré quelques dames françaises, reconnaissables aux vêtements de deuil qu'elles n'ont jamais quittés depuis l'annexion ; et, tout en les saluant, il m'avait été donné de comprendre, dans un regard, tout ce qu'il eût été imprudent de se dire. Le lendemain matin, nous prîmes une voiture et nous fîmes conduire au cimetière français.

Nous passâmes sous les yeux de la sentinelle, qui, très intriguée, nous regardait, de loin, déposer sur la tombe des officiers et des soldats français les couronnes et les bouquets que j'avais reçus, la veille, pendant la représentation.

Le lendemain, nous jouions à Louvain, et le voyage se continuait par Amsterdam, Namur.

A Namur, l'hôtel d'Arscamp mérite une mention.

C'est la comtesse d'Arscamp qui a légué son hôtel à ses successeurs, à la condition qu'il deviendrait un hôtel pour voyageurs et qu'il y aurait toujours 40.000 bouteilles de vin en cave.

Huy, Liège, La Haye, Arnheim, Hambourg, Copenhague.

En arrivant au théâtre, on me remet une carte et un délicieux bouquet aux rubans tricolores.

C'est une charmante intention de la princesse Marie de Waldemar, la fille du duc de Chartres, qui ne peut assister, à son grand regret, à ma représentation, attendant chez elle la venue d'un petit prince, auquel je souhaite bonheur et santé.

Dimanche 19 *novembre.*

Matinée à Malmœ.

Le soir, à Helsingbord, nous donnons *Tartuffe*. De là, nous nous dirigeons sur Gothenbourg, Christiana, Upsala.

D'Upsala à Stockolm.

Visite à M. Millet, notre ambassadeur. Déjeuner, le lendemain, à l'ambassade, et audience de Sa Majesté le Roi, qui ne manque pas une de mes représentations et veut bien m'accueillir avec la plus haute bienveillance.

Mardi 28.

Départ, après le spectacle, sur le bateau qui doit nous conduire à Obo.

Arrivée, à 6 heures du soir, dans le port d'Obo éclairé à l'électricité, notre navire, armé d'un fort éperon, fend la glace pour se frayer un passage ; à la descente du bateau, de petits traîneaux nous attendent pour nous conduire en ville, à l'hôtel. 80 centimètres de neige...

Jeudi 30.

Arrivée à Elsingfords : quarante heures de bateau ! A travers les grands fiords, grâce à la neige, il nous semble voir un paysage découpé dans de la dentelle! Souper offert par l'Alliance Française, où une demoiselle *Verneuil*, qui habite le pays, a pris la peine, avant notre arrivée, de faire des lectures conférences sur les ouvrages que nous devons interpréter. A ce souper, j'ai l'honneur de me rencontrer avec le grand veneur de Sa Majesté l'Empereur de Russie.

Dimanche 3.

Arrivée à Viborg, d'où, après avoir joué, nous repartons pour Saint-Pétersbourg, où nous arrile 4, à 10 heures 1/2.

Départ de Pétersbourg, le 10, pour arriver à Moscou, le lundi 11, à 8 heures du matin.

Près du Kremlin, vu le carrosse de la Vierge qui, attelé de six chevaux, se tient en permanence, prêt à se rendre chez les malades et les mourants!

Personne, hors la Vierge, ne peut avoir six chevaux à sa voiture.

Vu la chambre où a été signé le décret de Moscou, souvenir qui m'inspire de singulières réflexions...

Jeudi 14.

Inauguration du grand bazar; déjeuner à la table du regretté consul de France, M. de Kerkaradec; Mme Febvre est la seule dame présente à ce banquet : on boit à une *dame française !...* Une cérémonie religieuse avait eu lieu, le matin, à laquelle assistaient le grand-duc Serge et la grande-duchesse !

Dimanche 17.

Départ de Moscou pour Kiew.

Le *samedi* 23, on m'offre, en scène, une splendide couronne d'argent massif et un vase de vermeil.

Cette petite cérémonie mérite d'être contée en détail.

C'était le soir de ma représentation d'adieux ; au moment où j'entre en scène, une nuée de petits papiers tricolores partent du cintre (*à la Comédie-Française ; à Febvre, son illustre représentant ; à un artiste français,* etc., etc....), je me baisse, en ramasse un et le place sur ma poitrine, en saluant. Ce mouvement est accueilli par trois salves d'applaudissements ; au même moment, je vois, en scène, la porte de droite donner passage à mon ami et excellent collègue Soulvzoff, artiste et directeur, qui, une immense couronne à la main, s'approche de moi et me dit, en russe, une foule de choses que j'ai tout lieu de supposer très aimables. A peine sa harangue est-elle terminée, que sa femme, Mme Soulvzoff-Klébowa, une artiste de grand talent, entre, à son tour, et m'adresse un autre compliment, toujours en russe. Puis tous deux se rapprochent, et à la grande joie des spectateurs, nous nous livrons à une forte embrassade. Il me faut, c'est la coutume, adresser quelques mots au public. Je m'acquitte, le mieux possible, de cette délicate épreuve ; mais, j'étais, je l'avoue, si sincèrement ému, que je serais bien embarrassé de reproduire, ici, cette improvisation...

A Saint-Pétersbourg, il y a un public aimable. A Moscou, on est tout à la France. La capitale de toutes les Russies personnifie la tête, et Moscou et Kiew le cœur !

Dimanche 24.

Départ, à 6 heures du soir, pour Odessa ; tous les artistes, de même qu'à Moscou, nous attendent à la gare, pour nous dire adieu.

Lundi 25.

Arrivée à Odessa, à 10 heures du matin.
Plus de bateau pour Constantinople ; choléra, quarantaine.

Vendredi 29.

Départ d'Odessa, à minuit, pour Jassy, après avoir entendu à l'Opéra, dans la loge de M. Casarinoff, le plus aimable des préfets, l'opéra de Pouschkine, *La Dame de Pique.*

Arrivée à Jassy, à 5 heures après midi.

Vu, le soir, *les Surprises du Divorce*, en roumain étrange!!!

1er janvier 1894.

Jassy. Un jour de l'an dans la neige, par 18 degrés de froid lugubre!

Jeudi 4.

Départ, à 6 heures du matin, pour Galatz.

Samedi 6.

Départ de Galatz pour Buccarest, à 10 heures et demie du soir; le lendemain matin, arrivée à Djiorgevo.

Là, nous apprenons que le Danube, qui n'est pas assez pris pour le traverser en traîneau, en revanche, charie d'énormes banquises de glace. Il nous faut, si nous trouvons des gens assez hardis pour cela, nous faire passer sur une péniche; nous descendons avec nos traîneaux au bord du fleuve jusqu'à Smorda et là, dans un petit poste de douaniers, moitié bulgares turcs ou roumains, nous parlementons pour effectuer notre traversée. On nous demande 600 francs; pour 300 l'affaire se conclue. La première barque prend à son bord douze artistes, et nous embarquons avec sept hommes d'équipe, qui, armés de pics de fer, avec une adresse merveilleuse, écartent les blocs de glace, en se frayant un chenal, où glisse lentement le bateau.

Nous avons couru de grands dangers ; mais nous ne l'avons appris que le lendemain ; et, d'ailleurs, nous étions tous si transis de froid, que nous n'avions aucune conscience de ce qui se passait autour de nous.

La barque, après nous avoir déposés, repart pour aller prendre nos bagages.

Sur le bord du fleuve, qui est loin d'être *bleu*, nous trouvons des traîneaux qui nous conduisent à Islan Hôtel, un bouge !

Là, nouvelle tuile ! Nous apprenons que la ligne de Varna est bloquée. Que faire ? Je vais chez le consul de France, qui me confirme la nouvelle, et m'apprend que c'est grâce à nous qu'il a reçu le courrier, qui ne lui parvenait plus, depuis six jours.

— Quand mon domestique, me dit le consul, est venu, hier, pour me signaler une barque se disposant à traverser le fleuve, je ne l'ai cru que lorsque, avec ma lorgnette, j'ai pu constater qu'il m'avait dit vrai ; et, ne sachant pas que c'était vous, je me suis écrié : « Quels sont les imbéciles ou les fous qui peuvent ainsi courir au-devant de la mort ! »

Le lendemain, quand on apprit au consul de

Roumanie que j'étais à Routchouk, voici ce qu'il répondit :

— Pourquoi me dire cela! suis-je une bête?

Très curieux Routchouk, quand on y passe un jour; on sent qu'il n'y a pas encore bien longtemps que les Turcs en étaient les maîtres; mais, quand il faut l'habiter près d'une semaine, c'est sévère !

Enfin, la voie est libre et nous traversons ces fameux Balkans, dont la presse nous a tant entretenus, pendant la guerre de 1877.

Passé à Choumla, où Skobeleff livra de si sanglantes batailles à Osman Pacha, pendant la dernière guerre des Russes et des Turcs... Varna! enfin!

Là, nous nous croyons sauvés ; ah! bien, oui ! grâce au choléra, il n'y aura pas de bateau pour Constantinople avant samedi ou dimanche!!!

Samedi 13.

Nous avons organisé une représentation à Varna : trois petites pièces et des récitations; salle archi-comble; mais, un seul ennui : sauf les consuls, personne ne nous comprenant; le public se met à causer de ses petites affaires.

Détail curieux : tous les hôteliers étant au théâtre, à partir de 8 heures, les hôtels ont été fermés. Quant à l'aspect de la salle? ça ne se raconte pas. Bien bizarre le *Tout Varna!*...

Enfin, on nous donne l'espoir d'un départ de bateau, le *Panormos*, compagnie Curjis, qui partira pour Constantinople, le lundi 15, à 6 heures du soir ; mais, on nous recommande de nous armer d'une grande philosophie, au point de vue du confortable, ce petit bâtiment emportant un chargement de 2.000 volailles!

Nous ne faisons pas de façons ; nous nous embarquons et, le soir, à 8 heures, le *Panormos* lève l'ancre.

Parmi nos compagnons de voyage, un jeune couple grec! Le nouveau marié se livrait à un pinçage de guitare féroce, même à table...

Le soir, on eut toutes les peines du monde à persuader à ce jeune dilettante, qu'une couchette à bord, dans un salon commun, ne pouvait, ne devait contenir qu'une seule personne ; il est vrai... qu'il se dédommagea toute la nuit en tourmentant les cordes de son instrument, et ses mélodies, tristes, plaintives, nous peignirent fidèlement l'état de son âme...

Ah! que la musique grecque exprime bien ce qu'éprouve un homme amoureux, qui souffre de la solitude et de l'étroitesse des cabines à bord!

Mardi 16.

8 heures du matin.

— Montez vite sur le pont, me crie-t-on, nous entrons dans le Bosphore...

A cette vue, j'avoue que le souvenir du Danube, de Routchouk, de Varna, des 2.000 volailles, de l'enragé guitariste, tout fut vite oublié... Quelle merveille... à droite, tous les palais et résidences d'été... à gauche, la côte d'Asie... Scutari — que sais-je encore! un enchantement!

Je conserve une impression trop vive, une admiration trop sincère de cette féerie, pour essayer même d'en faire une description. Je laisse ce soin à des plumes plus autorisées que la mienne...

Visite à M. Cambon, notre ambassadeur, au prince Mavrocordado, ambassadeur de Grèce, que j'avais eu l'honneur de connaître à Paris.

Le lendemain, visite à Sainte-Sophie. Malgré les babouches trop larges dont on a recouvert mes chaussures, et que je perds à tout moment, je suis resté quelques instants avant de pouvoir parler, saisi de la grandeur imposante de ce temple, unique au monde.

Vu la Sublime Porte, et promenade au bazar.

Vendredi 19.

Le Salonick.

Grâce à l'extrême obligeance de M. Cambon, nous sommes admirablement placés à une fenêtre de l'entre-sol du palais, pour voir passer et saluer Sa Hautesse le Sultan, qui nous envoie un aide de camp nous souhaiter la bienvenue dans son empire.

Le Sultan daigna se souvenir qu'alors qu'il était prince, j'avais eu l'honneur de lui être présenté, en 1867, aux Tuileries par l'empereur Napoléon III.

Je ne veux pas essayer de décrire, ici, le cérémonial qui précède l'entrée de Sa Hautesse à la mosquée; cela se voit, ça ne se raconte pas...

Au moment où le souverain passait sous notre fenêtre, ayant dans sa voiture Osman Pacha le Gazir (le Victorieux), je m'inclinai respectueusement... Le Sultan, qui sait d'avance quels seront les étrangers assistant à la cérémonie, leva les yeux et voulut bien répondre à mon salut par un léger mouvement de tête. Après la cérémonie, l'aide de camp revint pour me dire que Sa Majesté serait heureuse si, avant mon départ, elle pouvait organiser une soirée à son palais; et l'officier ajouta :

Sa Majesté, en rentrant dans ses appartements, a dit à Chakir Pacha qui lui parlait de vous : « Je l'ai reconnu; mais, comme il a blanchi. »

— Mes cheveux ont blanchi, il est vrai, répondis-je; mais, quand ils étaient noirs, le Sultan n'était que prince héritier... et j'aurais pu ajouter le commencement de la tirade de Saint-Vallier, du *Roi s'amuse* : « Nous avons tous deux, sire, une couronne !... »

Lundi 22.

La police interdit *Tartuffe* !...

On va voir si, avec quelques coupures, on peut autoriser la représentation de cet ouvrage...

Après deux jours employés en de vaines démarches, *Tartuffe* est bien interdit. Un officier de Sa Majesté est détaché pour nous servir de guide dans la visite des palais, et un caïque à trois paires de rameurs a été mis à notre disposition pour nous promener sur le Bosphore.

Visite au vieux sérail, dont les jardins donnent sur la mer de Marmara. On nous sert une collation : confitures de roses, café, etc.

Visite au Trésor impérial, où se trouve une collection de turbans, qui rendrait rêveur Mounet-Sully lui-même !...

Visite à Beylar-Bey, palais habité par l'impératrice Eugénie, lors de son voyage en Turquie.

Mardi 23.

Déjeuner donné en notre honneur, par S. E. M. Cambon, auquel assistaient S. E. l'ambassadeur de Russie et sa femme, M. et Mme de Nelidoff, S. E. Munir Bey, secrétaire des affaires étrangères, et tous les attachés de l'ambassade et du consulat de France.

Le Sultan ne pourra, me dit-on, me recevoir que le vendredi suivant; mais, hélas! nous partons le jeudi, par le bateau russe, qui nous conduira à Odessa, pour regagner Buccarest, où nous sommes affichés.

Je fais présenter à Sa Majesté mes excuses et mes regrets ; à 5 heures, un envoyé de Sa Hautesse me remet, en son nom, les insignes de commandeur du Metjidié, en me faisant dire qu'il regrette, de son côté, ce départ trop précipité, qui me prive d'une faveur tout à fait exceptionnelle, celle d'être reçu en audience privée, après la soirée! Mais il faut partir; et, après avoir remercié le souverain de sa haute bienveillance, je prends congé de son aimable envoyé.

Avant mon départ, j'eus l'honneur d'organiser, dans les salons de l'ambassade, une matinée au profit de la caisse pour la propagation de la langue française, œuvre des plus intéressantes, et à laquelle S. E. M. Cambon porte un vif intérêt.

Cette petite fête, presque improvisée, produisit une recette de mille livres turques, soit près de 20.000 francs.

Trop heureux de donner à notre ambassadeur une preuve de ma gratitude, pour l'accueil plein de courtoisie que j'avais trouvé à Constantinople, sous le drapeau français.

Qu'il me permette ici de lui renouveler l'assurance de mes sentiments, aussi reconnaissants que dévoués.

Par une délicate attention, très remarquée, d'ailleurs, le Sultan s'était fait représenter à la matinée de l'ambassade, par le ministre de sa liste civile.

Jeudi 25

Départ de Constantinople, à 2 heures trois quarts, par *le Tchekatchoff*, bâtiment russe, se rendant à Odessa.

Vendredi 26.

Arrivée à Odessa, à 9 h. et demie du soir; coucher à bord, les navires n'entrant jamais dans un port russe après le coucher du soleil.

Samedi 27.

Représentation du *Demi-Monde*. Départ, à minuit, après le théâtre.

Lundi 29.

Arrivée à Buccarest, que nous revoyons pour la seconde fois... (Quel voyage !)

Visite au consul.

Mardi 30.

Visite à M. Lahovary, ministre de la guerre.

Samedi 3.

Déjeuner chez le ministre de la guerre, avec son frère, le ministre des affaires étrangères.

Dimanche 4.

Visite au palais du roi, Sa Majesté souffre de l'influenza; audience du prince héritier.

Soirée chez les Catarjis : représentation du *Cas de conscience*.

Lundi 5.

Déjeuner à l'ambassade de France, chez M. de Coutouly, un de nos représentants à l'étranger. les plus courtois, les plus hospitaliers.

Mercredi 27.

Visite au Palais; organisation d'une représentation, qui sera donnée, demain soir, devant Sa Majesté.

Jeudi 8.

Représentation au palais.

Hier soir, au théâtre, pendant le spectacle, le ministre de l'instruction publique est venu m'annoncer que Sa Majesté, voulant me donner une marque de sa haute bienveillance, m'avait nommé commandeur de l'ordre de la Couronne de Roumanie et que Mme Febvre recevait, des mains de Sa Majesté, la médaille de première classe du *Bene merenti*.

Ce matin, M. de Coutouly, ministre de France, est venu nous confirmer les bonnes nouvelles de la veille.

A 9 heures du soir, le Roi nous reçoit en audience privée et daigne s'entretenir, près d'une demi-heure, avec nous. Sa Majesté me remet les insignes de commandeur, et c'est elle-même qui veut bien prendre la peine d'attacher sur la poitrine de Mme Febvre la nouvelle distinction qui lui est échue.

Nous jouons *Histoire du Vieux Temps*, de Maupassant. Grand effet; pas un mot ne passe sans être compris et souligné de murmures flatteurs.

Après la pièce, défilé dans le salon, qui nous sert de foyer, de personnages officiels, venant nous apporter leurs félicitations et leurs compliments.

Le prince héritier lui-même vient nous serrer la main et prendre congé de nous.

Vendredi 9.

Départ de Buccarest pour Crayova.

Dimanche 11.

Départ pour Seggedine.
Arrivée à 10 heures du matin.

Lundi 12.

Se souvenant que j'avais eu l'honneur d'être un des organisateurs de la représentation qui avait été donnée à l'Opéra, lors de la terrible inondation de cette ville, le préfet envoie à la gare sa voiture pour nous conduire à l'hôtel, chargeant de nous faire les honneurs de Seggedine un professeur du Lycée, représentant, en outre, la presse.

Le soir, au moment où le rideau se levait sur le premier acte du *Demi-Monde*, je fus l'objet d'une manifestation des plus flatteuses.

Et, comme après avoir salué, je regagnais ma place, un léger bruit me fit lever la tête.

C'était une immense couronne, où les couleurs de

France étaient entrelacées à celles de Hongrie, qui descendait lentement sur ma tête.

Sur le ruban, cette inscription :

A FRÉDÉRIC FEBVRE

LA VILLE DE SEGGEDINE RECONNAISSANTE.

Mardi 13.

C'est la voiture du maire, qui, cette fois, nous reconduit au chemin de fer.

Arrivée à Pesth, à 1 heure et demie.

Départ, le soir même, pour Agram, à 9 heures du soir.

Mercredi 14.

Arrivée à Agram, capitale de la Croatie, un des coins les plus pittoresques de ce long voyage.

Vendredi 16.

Départ, à 8 heures du matin, pour Gratz; arrivée, à 4 h. 20 du soir.

Départ, après le spectacle, pour Fiume.

Après la représentation, souper offert par le cercle français. Les Tziganes jouent la *Marseillaise*; pendant le spectacle, le cercle m'avait fait passer en scène un bijou d'un goût exquis, en souvenir de la soirée *où ils avaient eu le bonheur, trop rare, d'entendre parler français.*

Lundi 19.

Excursion à Abbazia, la Nice autrichienne, une merveille !

Mardi 20.

Départ de Fiume pour Trieste, où nous arrivons à 9 heures du soir.

Mercredi 21.

Visite au consul, M. Chollet.

Vendredi 23.

Excursion à Miramar, un des plus beaux châteaux que j'aie vus, comme situation, sur l'Adriatique.

J'avais fait, autrefois, les honneurs de la Comédie-Française à ce martyr de la politique, l'empereur Maximilien ; aussi, cette visite m'a-t-elle causé une vive impression.

Lundi 26.

Départ de Trieste pour Venise. Arrivée à Venise, à 2 h. 25 du soir. Juste le temps de se précipiter sur la place Saint-Marc et de revoir son église.

Mardi 27.

Départ de Venise pour Milan, à 8 h. 45. Arrivée à Milan, à 2 heures et demie, après avoir déjeuné à Vérone.

Vendredi 2 mars.

Départ de Milan, à 2 h. 54 matin, pour Turin. Arrivée à Turin, à 1 h. 30 du soir... Visite au consul, comte de Diesbach.

Lundi 5.

Départ de Turin, à 9 h. 15, pour San-Rémo ; arrivée à San-Rémo, à 5 heures soir.

Mardi 6.

Départ de San-Rémo pour Nice, à 8 h. 55 matin. Arrivée à Nice pour déjeuner.

Jeudi 8.

Départ de Nice pour Cannes. Joué en matinée. Départ le soir, 11 h. 15, pour Nîmes.

Vendredi 9.

Arrivée à Nîmes, à 7 heures du matin.

Dimanche 11.

Départ de Nîmes pour Valence, à 8 h. 15. Arrivée à Valence, à 3 heures.

Lundi 12.

Départ de Valence, à 8 h. 10 du matin; arrivée à Grenoble, à 11 h. 10.

Mardi 13.

Départ de Grenoble pour Chambéry, à 8 h. 10. Arrivée à Chambéry, à 2 heures. Excursion à Aix-les-Bains.

Mercredi 14.

Départ de Chambéry, à 10 heures, pour Lyon. Arrivée à Lyon, à 2 heures.

Vendredi 16.

Départ de Lyon, à 12 h. 58, pour Roanne. Arrivée à Roanne, à 4 heures et demie.

Samedi 17.

Partis de Roanne, à 9 h. 55 matin, pour Chalon-sur-Saône. Arrivée à Chalon, à 2 heures soir.

Partis de Chalon, après le spectacle, à 1 h. 55 matin.

Arrivée à Paris, le dimanche 18 mars, à 11 heures du matin.

Maintenant que le lecteur a pu se rendre compte de ce qu'on peut faire de parcours en cinq mois et demi, il convient de relater, ici, au point de vue artistique, l'effet produit par ces représentations devant tant de peuples divers.

Il m'a été donné de constater la mauvaise impression laissée derrière eux, par certains artistes qui, s'emparant du titre de pensionnaire de la Comédie-Française, deviennent un obstacle à la réussite des représentations données par ceux qui ont véritablement le droit de se réclamer de la grande et noble maison.

Cette sorte de contrebande artistique devrait être poursuivie et punie sévèrement; car elle fait un tort très préjudiciable, non seulement aux intérêts des comédiens autorisés à se déplacer, mais encore, à ceux du Théâtre-Français, qui semble envoyer à l'étranger, sous le couvert de sa haute marque, des comédiens, et surtout des comédiennes, de troisième et quatrième ordre.

Je me souviens d'avoir rencontré, au fond de la Russie, sur les bords de la mer Noire, des affiches portant le nom d'une artiste, se disant de la Comédie-Française, et qui, réellement, n'avait appartenu à ce théâtre que le temps d'y figurer dans des rôles où elle était d'une médiocrité très appréciable.

Il est vrai que cette aimable personne, pendant son séjour rue Richelieu, fournissait, à certain journal, de la copie, où ses camarades étaient traités par elle de telle sorte que l'on n'a gardé de cette aigre mégère qu'un bon souvenir : celui du jour de son départ !

Il est bien évident que les directeurs des théâtres de province, ayant à lutter, déjà, contre la pénurie de comédiens ; privés, en outre, du droit de jouer des ouvrages nouveaux, restant toute la saison l'arme au bras, avec une troupe immobilisée, ne pouvant plus donner au public, comme nouveauté, que *la Tour de Nesle* ou la *Closerie des Genêts*, sont bien forcés de se rabattre sur les troupes nomades, *privilégiées* ; oui, mais alors, plus de répertoire..... Le public, en attendant le passage de la tournée, qui doit lui amener le dernier succès parisien, se précipite au *beuglant*, pendant que le malheureux administrateur voit poindre la faillite à l'horizon.

Quand on se souvient du nombre d'artistes qui se sont fait une place à Paris, venant de la province, comme Félix, Geoffroy, et tant d'autres, on reste frappé d'une situation que l'avenir ne semble pas devoir améliorer.....

En 1850, comme on a pu le voir au début de ce journal, quand j'étais au Havre, j'avais comme camarades Dumaine, Garraud, Butant, tous disparus, hélas ! mais dont les noms sont restés dans la mémoire des amateurs de théâtre.

Et, cependant, que de villes où il y a encore de

véritables connaisseurs, où la presse ne demande qu'une occasion d'encourager les artistes d'avenir.

Mais, comment voulez-vous, au lendemain d'une représentation, comme celle dont je parle, présenter au public un ouvrage qui a été monté en huit jours, c'est-à-dire à peine le temps que réclame la mémoire la plus exercée et la plus fidèle.

A l'étranger, c'est autre chose ; on a en outre à lutter contre les événements du jour, le choix du répertoire et le nombre restreint de ceux qui comprennent la langue française... et encore ?

J'ai vu des soirs, où la salle se composait de quelques spectateurs qui parlent notre langue, de ceux qui, sans la parler, la comprennent, de ceux qui ne la comprennent pas, mais qui désirent faire croire qu'elle leur est familière.

Certains ouvrages ayant eu cette bonne ou mauvaise fortune, comme on voudra, d'être traduits dans la langue du pays, quand vous donnez cette pièce en sa langue maternelle, les effets peuvent se déplacer, le traducteur étant passé à côté du trait, sans pouvoir lui restituer sa forme première ; mais, en somme, la donnée générale de l'ouvrage est comprise... les détails peuvent souffrir... mais, l'ensemble offre au public l'audition d'une œuvre qu'il a déjà entendue, et à laquelle il peut prendre une certaine dose de plaisir, puisque, sans entendre, il comprend.

La pièce qui n'a pas eu de traducteur, au contraire, est un supplice pour l'auditeur et le comédien.

Le Demi-Monde a été compris et apprécié, partout où j'ai eu le bonheur de le jouer.

Le Père Prodigue, comme traduction, est moins populaire.

Très curieux l'effet de ces deux ouvrages de Dumas. Dans certaines villes, c'est *le Père Prodigue* qui tenait la corde, tandis que, dans d'autres, *le Demi-Monde* recueillait tous les suffrages.

L'Ami Fritz a été, partout, un succès. Le roman ayant été traduit dans toutes les langues et la pièce offrant aux yeux des spectateurs une suite de petits tableaux pittoresques ; ajoutez à cela la bonne réputation de l'œuvre d'Erckmann-Chatrian, qui permet l'audition de cette idylle aux jeunes filles, et vous aurez l'explication de la popularité de ces trois actes, qu'un farouche critique avait baptisés de ce nom : « Amour et charcuterie ».

Tartuffe, lui, est aussi populaire en Finlande, en Courlande, où vous voudrez, qu'à Paris.

Pendant ce voyage, j'ai rencontré des publics qui pouvaient me faire croire que je n'avais pas quitté la France : à La Haye, Amsterdam, Copenhague, Stockholm, Hambourg. Je ne parle pas de Pétersbourg, bien entendu; mais, à Moscou, Odessa, Buccarest, Constantinople, le parisianisme de ces capitales est incroyable!

Quant à la presse, partout je l'ai trouvée empressée, courtoise, et pleine d'une bienveillance dont je suis heureux de lui adresser, ici, une nouvelle marque de ma gratitude.

A Buccarest, M. Vacaresco, ce parisien roumain, était persuadé qu'on avait acheté des meubles nouveaux pour la mise en scène du *Demi-Monde*. Quand je lui eus prouvé qu'il se trompait, il se rendit compte, alors, de ce qu'on peut faire, du parti que l'on peut tirer de la disposition du mobilier en scène.

Cette disposition inusitée des meubles et accessoires était, pour l'aimable critique, d'un arrangement tellement nouveau qu'il n'avait pas reconnu le vieux matériel, auquel rien n'avait été changé.

La mise en état, comme on dit au théâtre, est un art presque inconnu à l'étranger, que le respect du style de certaines époques semble ne préoccuper que faiblement.

Le siècle de Louis XIV, surtout; quant au Louis XV, il se confond dans leur pensée, comme décors, meubles et accessoires, avec le Louis XVI.

L'époque qui lui serait encore le plus familière, serait le moyen âge, ou l'empire.....

Il n'y a de vrais décors qu'en France, au point de vue du goût et du coloris, et surtout, de la plantation.

Il m'a été donné d'entendre, en Italie, la *Manon* de Puccini. Je ne dirai rien de la partition, ne voulant pas blesser la modestie de Massenet; mais, les costumes !... les décors !... Imaginez une palette brutalement préparée... où les tons, les plus violents, les plus criards, dansent la farandole, en piétinant sur le bon goût et l'harmonie.

Avec la moitié de ce qu'a pu coûter, là-bas, cet ouvrage, à Paris, on ferait quelque chose d'exquis.

Voyez les décors et les costumes de *Werther*, à l'Opéra-Comique.

A Londres, les décorateurs font, quelquefois, des plantations originales, ingénieuses, pittoresques ; mais, c'est la couleur qui fait défaut... il y a de certains tons qui ne se produisent que de l'autre côté de la Manche.

Dans la lettre-préface, qui ouvre le second volume de mes souvenirs — Dumas m'avait prié de me rendre à Jérémie, et de rechercher dans les Mornes de la Guinaudée les souvenirs qui pourraient encore se rattacher à la mémoire de son aïeule — Tiénette

Dumas, mère du général Dumas et grand'mère de l'auteur d'*Antony*.

Le lecteur, je l'espère, prendra, peut-être, quelque intérêt au récit de ce pèlerinage, accompli le 9 avril 1895 — et qui se trouve relaté dans la lettre ci-dessous, que j'adressai, de Jérémie, à l'auteur de *Francillon* :

« Mon cher Dumas,

« Le mardi, 9 avril 1895, un peu avant le lever du soleil, après avoir traversé la Grand'Rivière, gravi les mornes, passé à gué la source Madère, franchi bien des obstacles, une soixantaine de cavaliers sont arrivés enfin à la Haute Guinaudée, sur l'emplacement de la grande case.

« C'est bien là, au côté ouest de la partie française, qu'au mois de mai de l'année 1762, Tiénette Dumas mettait au monde celui qui devait être un jour le général Dumas.

« Venu de Port-au-Prince à Jérémie, pour tenir la promesse faite à l'auteur du *Demi-Monde* de me rendre à la Guinaudée, j'ai trouvé, pour accomplir ce pèlerinage, le concours le plus empressé, le plus courtois, le plus fraternel des personnes dont les signatures suivent :

« Docteur et Mc. C. Van Waterschoud, MM. Louis Goubault, général Kerlegand, Pressoir Jérôme, Numa Laraque,

V. Villedouin, Dr. C. Gaveau, Saint-Justé. U. Duvivier, G. Gaveau, C. Chassagne, D. Clérié, Dr. L. Margon, A. A. Blanchet, C. Lavaud, Ph. Laraque, Oths. Duvivier, Fouchard Martineau, Léonce Duvivier, Dumas Rigault, Th. Degraffe, G. Laveau, Drufréné Pamphile, L.-A. Timotée, François-Etienne, Castan, A. Régies, H. Villedouin, P.-L. Laraque, Albertini, Lysias Jean Pierre, Pamphile jeune, J.-H. Lanoue, Jeannot, M. Desquiron, Th. Blanchet, Volney, Gostalle, M. et Mme Febvre.

« Hélas! de ce qui fut, autrefois, une grande habitation, il ne reste plus que les débris d'un vieux moulin.

« Là, où la petite esclave devait donner la vie à cette lignée de géants qui ont illustré leur pays, avec tant d'honneur et de gloire, soit par la plume, soit par l'épée — je n'ai trouvé que quelques pierres noircies, quelques fleurettes et une modeste cabane... mais, quels horizons ! aussi vastes, aussi profonds que profondément demeurera dans l'avenir ce glorieux nom des Dumas.

. . . .

« Deux heures après, toute la petite troupe s'est remise en marche, sous un soleil brûlant, pour venir déjeuner à la case d'Antoine.

« Le bon Pamphile nous servait de guide au milieu de ce labyrinthe tout en fleurs.

« Déjeuner charmant, plein d'entrain. Les provisions avaient été expédiées, dans la nuit, à dos de mulets.

« Et tout cela me faisait songer au convoi de votre cher et regretté père, à Villers-Cotterets.

« Là encore, comme aujourd'hui, le soleil était de la partie, et ses chauds rayons semblaient vouloir que chaque convive écartât de son esprit tout sentiment de tristesse,... car, pour tous les vôtres, mon cher ami, le soleil qui fête leur venue en ce monde dissipe encore, après leur mort, l'ombre, la douleur et l'oubli.

« Après ce petit repas si cordial, si pittoresque, plusieurs de nous ont pris la parole pour chanter *Tienette* et ses illustres enfants.

« On a bien parlé du général, de votre père et de vous, mon cher Dumas ; aussi, je vous adresse, de suite, ce souvenir encore tiède d'une naïve et sincère émotion.

« Puis, nous sommes descendus à la cascade, où se baignait votre glorieux grand'père, quand il était enfant. Si, aujourd'hui, celui qui se plonge dans cette belle eau claire et limpide ne risque plus d'y rencontrer le légendaire caïman qui faillit dévorer le brave général, dans ses ébats nautiques, en revanche, l'endroit est resté merveilleux, plein d'ombre, de fraîcheur et de mystère.

« Connaissant votre horreur des longueurs, je

vous mets, à la poste de Jérémie, ce procès-verbal rapide d'une journée qui restera inoubliable ; et mes aimables compagnes et compagnons de route y joignent, avec l'expression de leur admiration, celle de leurs plus affectueux sentiments.

« Et, pendant qu'on sellait nos montures, j'ai cueilli ces petites fleurs qui vous parviendront desséchées : elles ont poussé là-haut, sur le sommet des Mornes, que nous avons redescendus lentement, pendant que la lune éclairait de sa discrète lumière ce lieu si bruyant, tout à l'heure encore, si calme, si profondément silencieux, maintenant.

« Votre bien affectionné,

« FRÉDÉRIC FEBVRE.

« Jérémie, 10 avril 95. »

Avant de clore le dernier chapitre de ce journal, il m'a paru intéressant de placer sous les yeux du lecteur quelques lettres, reçues à l'occasion de ma représentation de retraite.

Voici, d'abord, celle du plus affable des ambassadeurs : j'ai nommé M. le baron de Morenheim, ministre de Russie en France.

« Cher Monsieur,

« Un deuil trop cruel et trop récent ne me permet malheureusement pas de fréquenter encore les théâtres et j'éprouve un véritable chagrin d'être, ainsi, privé de la possibilité de prendre ma part de cœur à votre triomphe.

« Ce sera une grande et noble date dans l'histoire de l'art, et un impérissable souvenir pour tous ceux auxquels n'aura pas été refusée l'heureuse chance de venir vous apporter le tribut de leur admiration et de leur reconnaissance.

« Le mot d'adieu est bien le plus cruel de la langue humaine; aussi, ne veux-je pas le prononcer.

« Au revoir donc, malgré tout; vous nous quittez trop tôt pour qu'il ne soit pas permis de compter sur l'avenir, qui peut nous ménager encore d'heureuses surprises. C'est en y comptant que je viens vous prier de me réserver un petit souvenir dans un coin de votre mémoire, en retour de celui que ne cessera de vous garder

« Votre affectueusement dévoué,

« Baron DE MORENHEIM. »

« Mon cher Febvre,

« Votre lettre m'a profondément touché ; je l'ai lue, je l'ai relue, et je l'ai serrée dans le tiroir, où je garde les lettres que j'ai l'intention de garder toujours.

« Toutes les pièces de moi, que vous citez, ne sont pas des chefs-d'œuvre, hélas ! Elles vous ont, du moins, fourni l'occasion d'être applaudi, et bien applaudi. Je regrette, à cause de cela, que la liste n'en soit pas plus longue.

« Adieu, mon cher Febvre, ou au revoir, ce qui vaudrait mieux ; vous pouvez, aujourd'hui et toujours, compter sur la vieille affection de celui qui ne fut pas assez souvent votre auteur.

« H. Meilhac. »

« Mon cher Febvre,

« Votre cœur a trop de mémoire.

« J'en profite, avec plaisir, et je m'empresse de vous en remercier.

« Ce sera l'honneur de ma vie heureuse d'avoir été à même de reconnaître souvent, et de seconder, parfois, dans le domaine des arts et des lettres, de jeunes talents, dont le succès a été, pour moi, une bien douce récompense.

« Vous êtes de ceux-là, mon cher Febvre, et depuis vingt-sept ans, en effet, j'ai suivi, avec une vive sympathie, avec un peu de fierté, même, le développement continu de votre brillante carrière.

« Vous l'abandonnez trop tôt. C'est le premier reproche que vous me forcez à vous adresser.

« A mercredi donc ; nous serons tous là, pour applaudir, une fois encore, l'ami qui me remerciait, hier encore, de lui avoir ouvert, jadis, les portes de la grande maison. Que ne puis-je empêcher son départ, en les lui fermant aujourd'hui.

« Merci encore de votre bonne lettre, mon cher Febvre, avec la nouvelle assurance de mon trop vieux dévouement.

« Camille DOUCET. »

« Cher monsieur Febvre,

« Les adieux sont toujours pour moi chose triste, et votre retraite faisant disparaître un des derniers représentants de la vieille tradition, si précieuse à la Comédie-Française, est pour moi un véritable chagrin.

« Ai-je besoin de vous dire ce que nos déjà si anciennes relations personnelles ajoutent à mes regrets de perdre le bénéfice de votre talent.

« Croyez, mon cher monsieur Febvre, à l'expression de mes sentiments les plus distingués.

« De Vogüé. »

« Mon cher monsieur Febvre,

« Je vous dirai, comme tous vos amis et admirateurs, que je suis désolé de la décision que vous venez de prendre de vous retirer.

« Ce qui est certain, c'est que vous ne serez ni oublié ni remplacé.

« Croyez, mon cher monsieur Febvre, à mes sentiments les meilleurs.

« Chevalier DE STUERS. »

« Mon cher vice-Doyen,

« Vous avez bien jugé mon cœur et ma reconnaissance ; oui, je veux aller applaudir celui qui a honoré la Comédie-Française et a si longtemps réjoui ma fibre littéraire.

« Nous avons vieilli ensemble, vous, comme charmeur, moi, comme charmé ; merci.

« A vous cordialement,

« G. BERGER. »

« Monsieur,

« M. le président de la République me charge de vous faire connaître que, désireux de vous applaudir une dernière fois, il occupera la loge d'avant-scène, à la représentation de retraite que vous donnez, le 24 mai prochain, à la Comédie-Française.

« Veuillez agréer, monsieur, l'assurance de ma considération distinguée.

« *Le Général secrétaire de la Présidence,*

« VOISIN. »

« Monsieur,

« Bien que je ne sois pas absolument sûr d'être libre le 24 mai au soir, je serai très heureux de m'inscrire parmi ceux qui vous témoignent le regret de vous entendre pour la dernière fois.

« De Broglie. »

« Mon cher monsieur Febvre,

« Madame de Morny et moi serons très heureux de vous applaudir encore le 24 mai, avec le ferme espoir, cependant, que ce ne sera pas la dernière fois.

« Si vous pouvez me faire obtenir une avant-scène, j'en serai enchanté et je promets de la remplir des plus enthousiastes de votre talent.

« Croyez, mon cher monsieur Febvre, à l'expression de mes sentiments les meilleurs, et recevez l'assurance de mon admiration très sincère.

« Morny. »

« Monsieur,

« Pourquoi des adieux ? Pourquoi partir, quitter ce théâtre et un public qui vous aime et vous regrettera ?

« C'est trop tôt vraiment : on a déjà dû vous le dire ; mais, je veux aussi vous le répéter, avec l'assurance de mes regrets personnels et celle de mes sentiments bien distingués.

« Duc de Mouchy. »

« Mon cher monsieur Febvre,

« Je comprends, malgré mes regrets, vos soifs de repos.

« Nous avons eu des carrières pareilles : la foule et la mer sont houleuses toutes deux ; mais, le talent est le plus puissant de tous les brise-lames, et vous n'emporterez dans votre retraite que des souvenirs de triomphe, avec le respect et l'estime de tous ceux qui y ont contribué.

« Je vous serre affectueusement la main,

« Fitz James. »

« Mon cher ami,

« Sans aucun doute, je serai là...

« Ah ! que je voudrais vous voir longtemps nous rester... soit comme régisseur de la scène, où nous avons tant besoin de vous... à l'occasion, vous joueriez un rôle, en manière d'extra...

« Je vous serre affectueusement la main,

« Francisque Sarcey. »

« Monsieur et maître,

« Je regrette bien sincèrement votre départ : vous allez laisser à la Comédie-Française un grand vide, et qui sera difficilement comblé. Je m'associe de tout cœur à tous ceux qui vous regretteront.

« Recevez, Monsieur et Maître, l'expression de ma bien vive et profonde admiration.

« Fidès Devriès-Adler. »

« Cher Monsieur Febvre.

« Je suis ravi que vous donniez un acte de la *Mégère*, à votre représentation de retraite.

« C'est un de mes plus charmants souvenirs, que celui des répétitions de la *Mégère*, et vous me faites grand plaisir de l'évoquer ; mais, quel chagrin de vous voir, en plein talent, deux fois incomparable, comme artiste et metteur en scène, quitter une scène, où tant de belles soirées vous étaient réservées encore.

« Voyons ; il y aura bien un veau gras pour vous ! Croyez à ma reconnaissance pour ce que je vous ai dû, et à ma vive et sincère sympathie.

« Paul Delair. »

« Cher Monsieur,

« Je suis vraiment flattée de l'honneur que vous me faites de joindre mon nom à ceux de vos camarades pour votre représentation de retraite.

« Je n'ai peur que d'une chose, c'est de ne pas être à la hauteur du rôle que vous voulez bien me confier.

« Recevez, cher monsieur Febvre, l'expression de mes sentiments respectueux et distingués.

« Alice Lavigne. »

« A Monsieur Frédéric Febvre,
sociétaire de la Comédie-Française.

« On m'a conseillé de ne pas trop vous tourmenter, en ce moment, parce que tous vos instants étaient pris par la mise en scène de *la Reine Juana*.

« J'ai vu M. Marck, qui m'a dit vous avoir répondu favorablement. Cependant, tout en vous remerciant de l'insigne honneur que vous me faites, et des hautes marques de sympathie que vous daignez m'accorder, je crois devoir vous avouer (pardonnez-moi !) que je ne connais rien du répertoire.

« Cet aveu fait, je ressens une grande joie de votre distinction et j'accepte, de grand cœur, de paraître sur notre première scène française, aux côtés des maîtres de l'art, desquels je vous prie d'obtenir une grande indulgence à mon égard.

« Jamais, non, jamais je n'avais songé et ne songerai encore à pareille gloire.

« Je vais donc apprendre, et me tiendrai à votre disposition, pour les répétitions et conseils, dont j'aurai le plus grand besoin, et pour lesquels je vous prie de ne pas m'abandonner.

« Je le répète, Monsieur, je vous remercie mille

fois de votre bonne pensée, et n'oublierai jamais ce que vous venez de faire pour moi.

« Veuillez donc agréer l'expression de gratitude de votre reconnaissant admirateur.

« J. DAILLY. »

« Cher grand artiste,

« Comment vous exprimer toute ma reconnaissance ?

« Je suis très touchée de votre aimable démarche et serai des vôtres avec joie, non seulement pour le plaisir d'être agréable au grand artiste que vous êtes, mais à l'homme sympathique que chacun sait.

« Merci encore d'avoir pensé à moi.

« Votre sincère

« Yvette GUILBERT. »

Enfin, voici une lettre de mon excellent camarade Coquelin, qui, pour me donner une preuve de son amitié, fit le voyage de Valenciennes à Paris, me permettant, ainsi, d'ajouter l'attrait de son nom à celui des éminents artistes qui voulaient bien me prêter leur concours.

« Mon cher Febvre,

« Que penserais-tu des *Précieuses*, avec une distribution comme celle-ci :

« Sarah et Réjane ? ou, en cas d'empêchement, Marsy et Hading.

« Chaumont dans Marotte, toi dans le Violon, Baron dans Gorgibus, les amoureux par n'importe qui, ça ne fait rien, les porteurs, selon la tradition, par les tragédiens.

« Rumine ! et écris-moi.

« Ton vieux camarade

« COQUELIN. »

Avouez, chers lecteurs, qu'il était bien difficile de renoncer à la publication de lettres aussi flatteuses.

Tout en m'excusant, auprès des signataires, de ce jeu des petits papiers, j'ai obéi, ce me semble, à un sentiment bien naturel, en donnant un dernier et respectueux souvenir à tous ces illustres protecteurs, à tous ces amis, dont la sympathie m'a fait escorte jusqu'à la dernière heure.

D'ailleurs, n'était-il pas de mon devoir d'artiste de mettre au grand jour tous ces parchemins, qui ne peuvent qu'honorer notre profession.

Et, puisque mon cher maître et ami Dumas a bien voulu me faire l'honneur d'écrire la première page de ce volume, c'est à lui, tout naturellement, qu'il appartient de le fermer.

Mais, avant de livrer au lecteur cette précieuse

lettre, que le maître et l'ami veuillent bien recevoir l'assurance de ma profonde admiration et celle de mes sentiments les plus affectueusement dévoués.

« Mon cher Febvre,

« Vous vous retirez en pleine santé, en plein talent, en plein succès : c'est d'une grande philosophie ; et, malgré tout ce que j'y perds personnellement, je ne vous dirai pas que je le désapprouve. Quel que soit le charme des applaudissements, la lutte a bien des ennuis, la dignité a bien des droits, et le repos et la liberté de soi-même sont bien tentantes. C'est à ces raisons-là que je me rends, depuis deux ans, en n'écrivant pas les derniers mots de cette *Route de Thèbes,* où j'aurais eu si grand besoin de vous. Je vous dis donc adieu, comme à un compagnon d'armes avec qui on a fait la guerre, quand il vous quitte sur la route pour rentrer chez lui, et que l'on continue son chemin.

« Je vous remercie de m'avoir mêlé à votre dernier triomphe, et vous serre bien tendrement la main.

« A. DUMAS. »

On dit que les lignes qui portent la signature d'un artiste ont, pour le public, un attrait particulier : je voudrais le croire ; mais, dans le doute, c'est à mes deux parrains que je confie le soin de présenter aux auteurs, à la presse, au public, aux artistes, l'expression des sentiments reconnaissants et émus que je leur garde, comme je conserverai toujours le souvenir de l'honneur, qui m'a été fait, de pouvoir finir ma longue carrière en signant ici

Frédéric FEBVRE,
Ex-vice-Doyen de la Comédie-Française.

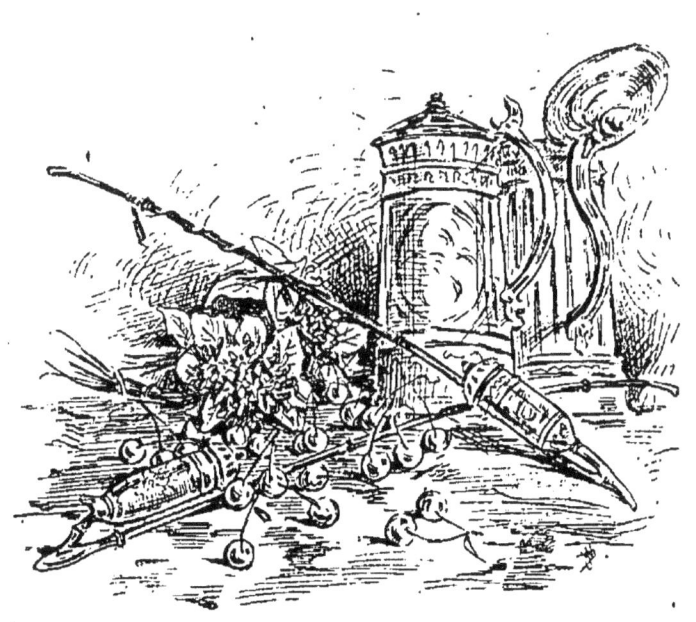

ÉVREUX, IMPRIMERIE DE CHARLES HÉRISSEY

www.ingramcontent.com/pod-product-compliance
Lightning Source LLC
Chambersburg PA
CBHW052243220526
45471CB00001B/167